左手烟火·右手诗行

雷秀春 著

文汇出版社

图书在版编目(ＣＩＰ)数据

左手烟火,右手诗行 / 雷秀春著. -- 上海：文汇出版社，2023.7
ISBN 978-7-5496-4067-6

Ⅰ.①左… Ⅱ.①雷… Ⅲ.①散文集-中国-当代②诗集-中国-当代 Ⅳ.①I267②I227

中国国家版本馆 CIP 数据核字(2023)第 107853 号

左手烟火·右手诗行

作　　者 / 雷秀春

责任编辑 / 邱奕霖
封面装帧 / 薛　冰

出版发行 / 文汇出版社
　　　　　　上海市威海路 755 号
　　　　　　邮编 200041
经　　销 / 全国新华书店
印刷装订 / 上海惠敦印务科技有限公司
版　　次 / 2023 年 7 月第 1 版
印　　次 / 2023 年 7 月第 1 次印刷
开　　本 / 710×1000　1/16
字　　数 / 80 千字
印　　张 / 11.25

ISBN 978-7-5496-4067-6
定　　价：58.00 元

作者介绍

雷秀春,1972年生于山东济宁,小学一级教师,国家二级心理咨询师,上海市学校中级心理咨询师。家庭教育高级导师,曾任闵行区马桥实验小学学生发展部主任,现任闵行区七宝镇明强小学语文教师兼年级组长,先后被评为全国生态教育优秀指导老师,上海市学校心理健康教育优秀青年教师,闵行区园丁奖、闵行区优秀辅导员、闵行区少先队优秀工作者,闵行区优秀班主任,闵行区骨干教师等荣誉。在《少先队活动》《上海教育》《班主任》《航空港》《四史教育——我们这样开展少先队活动》等刊物发表教育文章、诗歌、优秀活动设计方案。她从学生时代就喜欢阅读文学作品,特别热爱品读中外经典诗歌,观察记录生活中的所见、所思、所悟,积累了不少写作材料。在工作之余,她经常投入创作实践,扎根于烟火的生活,表达对生命的思考、对自然的赞美、对儿童的爱与期待,把青春、智慧和热血播撒在脚下这片热土上。她眼里有光,心中有爱,拥有脚踏实地又仰望星空的教育情怀。作为一名新时代基础教育的一线教师,她行走在充满诗意的生命之路,创造着属于她和她的学生们的教育新生活。

代 序

上海市闵行区七宝镇明强小学校长　姚凤

原本没有答应给这本诗集写序,因为总觉得自己只是雷老师所在学校的校长而已,写序好像有点惶恐了。但是雷老师坚持,于是应承了下来。

一念之间的应承,来源于与雷老师十八年之久的同事相处的奇妙,感动于雷老师十八年如一日的童心未泯的执着,惊叹于雷老师十八年时时处处的尚美生活的热情。

我此文撰写的与其说是这本诗集的序言,不如说是作为教育同行对一位普通教育工作者这本诗集阅读之后的絮言。

与雷老师的同事关系,可谓奇妙。前前后后经历了三所不同的学校,从一所百年老校到一所农村新开办学校再到另一所百年老校,有幸和雷老师成为教育同行。我曾经是雷老师儿子的语文老师,经历了从普普通通的同事关系到上下级关系,也经历了从一位一线教师成长为一校之长的蜕变。雷老师同样经历了不同岗位的教育实践历练,因为怀揣着相同的教育梦想,教育路上有幸一路同行。

犹记得农村新学校卡通形象马小豆的诞生倾注了雷老师的执念,从卡通人物的外在形象到内在寓意,雷老师可谓日思夜想,最终依托这个独具地域文化特征的卡通形象让孩子们有了学校的认同感和归属感。雷老师说她的创作灵感来源于学校所在的马桥古文化发源、孩子们所代表的原生态的爱的种子、文学作品所创生的孩子们喜爱的马小跳校园人物,三合一的感悟滋生了这个全新的马小豆。这是雷老师对教育的尊重使然。

犹记得二年级的孩子们拉着家长的大手,步入闵行区博物馆,戴上红领巾时的神圣和激动。孩子们在庄严的博物馆内,为成为光荣的少先队员而自豪。雷老师作为活动组织者的策划背后,更期待通过在博物馆这样一个象征着城市文明场所的仪式教育,赋予孩子们为自己、为历史、为国家负责的一份使命感和责任感。这是雷老师对历史的尊重使然。

犹记得疫情突发的特殊时期,全体师生无奈居家的日子里,一首原创歌词《花开的美好》传递到了我的邮箱,同时附录的还有一份原创MV的设计方案。雷老师和学校音乐组的老师们有感于医务工作者们为抗疫所做的努力,为激励全校师生共同抗疫静待花开的信心,一拍即合地开始了跨界创作。当这首由雷老师作词,学校音乐组的老师们和孩子们共同演绎,学校信息部自行拍摄剪辑的原创抗疫MV《花开的美好》正式发行的时候,我们感受到了万众一心的抗疫勇气和力量。这是雷老师对生命的尊重使然。

> 她爱美装
> 无论是隆重的仪式庆典
> 还是常态的课堂教学
> 她总愿亮出最美的自己
> 以自身最美的榜样
> 让学生在美的滋养下
> 美美地成长
> 她热爱每一天的生活

> 她爱美拍
> 无论是湖光山色间
> 还是四季校园里
> 她总能留下最美的画面
> 把最美的点滴瞬间

美美地和周围人分享
她热爱每一处的人间

她爱学生
无论是品学兼优的学生
还是调皮捣蛋的学生
她总能看到他们身上独特的闪光点
让每一个孩子
有机会美美地绽放
她热爱每一个的生命

  这些热爱汇成了雷老师点点滴滴的文字,传递了那些时时处处的感动,成就了这本细细碎碎的诗集。这本来自于一位普普通通的一线教师的诗集,也许从专业诗人的视角处太过稚嫩直白,但是却凝聚了一位知命之年的教育工作者融教育于生活、合生活于教育的诗意叙述,是对教育生命的热爱使然。

  愿读者们喜欢这本普普通通的诗集,愿读者们在静读第一篇章"童颜点亮春风·笑声摇醒樱花"中体验和回味这种至美人间的最美童年;愿读者们在静读第二篇章"走遍万水千山·翩跹柳梢云端"中提纯和享受这份专属自己的浪漫情怀;愿读者们在静读第三篇章"半生是序言·余生为歌谣"中丰富和充盈这段云卷云舒的生命旅程。

  未来不可知,唯有心向之。愿你我在共读中共学《左手烟火·右手诗行》的坦然和诚挚!

2023 年正月初九书

谨以此诗集献给为生活而奔忙、为未来而奋斗的教育人,别忘了在筑梦的道路上记录那些沿途的风景和美好。同时也献给我为之热爱的校园、讲台和生活,愿我们都能用尽一生的力量保留心中那份纯真和纯粹。

目 录

代序 ··· 姚　凤　1

第一篇章　童颜点亮春风·笑声摇醒樱花 ················ 1

阳台上的斑鸠 ·· 3

金秋 ·· 7

雨·伞·爱 ·· 8

金灿灿的心灵 ······································· 11

遇见·相守 ··· 15

致小石子儿 ··· 17

校园里的凌霄花 ····································· 20

明·强·人 ··· 23

你们——给二(4)班的学生 ··························· 25

新学子 ··· 27

娃娃和雨点 ··· 28

颜色 ··· 29

四季歌谣 ··· 29

春天 ··· 30

写给小口罩 ··· 31

彩虹桥 ··· 34

秋歌 ··· 35

咏春 ··· 36

咏蔷薇 ··· 36

笔尖上的秋 ··· 37

您的模样 ·· 50

六棵梧桐 ·· 53

第二篇章　走遍万水千山·翩跹柳梢云端 ········ 55

北方的雪,南方的雪 ······························ 57

被拯救的葵园——观展有感 ··················· 60

变 ··· 61

海上探戈——观金星舞团演出有感 ·········· 63

衡山路 ··· 65

感悟婚姻 ·· 66

简爱——足尖上的花朵之芭蕾舞剧《简·爱》 ··· 68

简单 ·· 70

你的风采 ·· 72

你若安好,便是晴天——给病后的友慧 ····· 73

你是一片云——致早逝的洁云母女 ·········· 75

日本风铃 ·· 81

如果喜欢 ·· 83

如何才能不想你 ··································· 84

西塘印象——记生活着的千年古镇 ·········· 86

一家人——"5·12"汶川地震 ················· 90

北戴河的蝉 ··· 92

生活片段 ·· 94

致银杏 ··· 95

色彩的盛宴——赏莫奈特展 ··················· 96

一棵开花的白玉兰树 …………………………………… 99
"缘"来牵手——致俞亚勤老师 …………………………… 101
我和我的室友们 …………………………………………… 104

第三篇章　半生是序言·余生为歌谣　107

花开的美好 ………………………………………………… 109
你 …………………………………………………………… 111
致绽放在清晨的一朵草球花 ……………………………… 113
那条叫竹港的河 …………………………………………… 114
你我一起走过 ……………………………………………… 116
赏梅——游莘庄公园有感 ………………………………… 119
时光遗忘的地方——探寻彭渡荷巷桥 & 金氏宗祠 …… 121
遇见你——汪国真老师莅临学校有感 …………………… 124
这片土地 …………………………………………………… 126
我们 ………………………………………………………… 128
杏坛情缘 …………………………………………………… 131
春之困 ……………………………………………………… 136
偶得 ………………………………………………………… 137
行走中的语丝 ……………………………………………… 139
鸢尾花 ……………………………………………………… 140
家 …………………………………………………………… 141
归来仍少年 ………………………………………………… 141
今天是你的生日 …………………………………………… 142
春天的守"沪" ……………………………………………… 144
再见,六号牙齿 …………………………………………… 147
"不死鸟"的启示 …………………………………………… 149
这一年 ……………………………………………………… 150

这个春天不是我的 …………………………………… 154

母爱 ……………………………………………………… 156

怀念我的母亲 …………………………………………… 157

后记 …………………………………………………… 161

第一篇章　童颜点亮春风·笑声摇醒樱花

导读：

　　人生最美是童年，人间最纯是儿童，小学教师是和儿童终生为伴，助力儿童成长的美好职业。

　　从教三十年来我始终怀着对孩子们的爱和期待努力学习着、智慧工作着。

　　校园生活的缤纷，师生纯洁深厚的情谊，伙伴无私热忱的扶持，像一幅幅画卷在诗行中徐徐展开……

1　阳台上的斑鸠

2　金秋

3　雨·伞·爱……

4　金灿灿的心灵

5　遇见·相守

6　致小石子儿……

7　校园里的凌霄花

8　明·强·人

9　你们——给二(4)班的学生

10　新学子

11　娃娃和雨点

12　颜色

13　四季歌谣

14　春天

15　写给小口罩……

16　彩虹桥

17　秋歌

18　咏春

19　咏蔷薇

20　笔尖上的秋

21　您的模样

22　六棵梧桐

阳台上的斑鸠

早春二月乍暖还寒
年轻的斑鸠情侣飞来飞去
寻觅着他们的小小爱巢
树木的枝头树叶稀疏
高楼林立的城市找不到
可以栖息的地方
这里已无往日的屋檐
它不再是宜居的家园

看那边阳台上有一个做好的窝
他们喜不自胜
是啊,小小的花盆里
有干燥的枝叶
有温暖的阳光
有田野的清风
多好的新家呀

美丽的妻子
决定在这里产卵
几天过去了
一枚圆溜溜的白花花的
小小的卵出现在窝里
又几天过去了
第二枚同样的卵也诞生了

从此后
斑鸠妈妈再也不离开
她认真地敬业地卧在这两枚卵上
安静地安心地孵化着即将出世的宝贝
斑鸠爸爸每天会送来可口的食物
让妻子美美地享用
他们各司其职

一转眼
十八天过去了
窝里的小家伙
终于探出了小脑袋
哇,好丑陋的小宝贝
黑黑灰灰的皮肤
赤裸裸的身体
没有一根羽毛
尽管如此
妈妈还是
很喜欢他们
每天陪伴他们
每天喂养他们
他们是她的小心肝啊
她相信终有一天
他们会长成像爸爸妈妈一样
美丽的、帅气的小斑鸠
脖子上也会戴着珍珠一样闪亮的项链

时间在阳光里慢慢推移
羽毛在春风里渐渐丰满
呵,那两个"丑小鸭"
蜕变成羽翼渐丰的"小天鹅"啦
他们瞪着晶莹剔透的小眼睛
四处张望着这个新奇的世界

她来了
带来了黄黄的小米
他来了
送来了清清的水滴
你来了
拍下了成长的画面
我天天
用文字记录着小宝贝的变化
小斑鸠和他们的爸爸妈妈
熟悉这里的人们
喜欢上这里的关照
偶尔用咕咕的歌声
表达对生活的满意
对这个春天的赞美

我知道过不了多久
阳台上的小斑鸠
他们都将有崭新的生活
飞向广袤无边的原野
那里才是真正的家园

那里才有想要的快乐和自由

但愿他们还记得
在一个春天
遇见过一群人
他们也让这群人
遇见了最美的春天
他们共同为这个春天
弹奏出爱与信任的旋律
谱写一段人来鸟不惊的乐章

2015年4月23日

金 秋

沐在阳光里的秋

浸在桂香中的秋

到处闪烁着点点金光

稻谷在秋风中谦逊地鞠躬

漫山遍野的金黄

是劳动铸就的辉煌

橘子站在枝头上轻轻地点头

招呼大家品尝它饱满的果实

这是劳动酝酿的甘甜

秋风裹着落叶翩翩起舞

像秋的精灵在半空巡游

看

湖边银杏树下那一大片草坪

换上了黄绿相间的秋衣

郊游的孩子们

在这软软的草坪上

欢笑着,追逐着

和远处丰收的田野

把金秋的赞歌谱写

2022 年 11 月 8 日

雨·伞·爱……

初夏的黄昏

疫情依旧蔓延

校门已经敞开

天空中

乌云不断在聚集、翻滚

走廊里

娃娃们整队放学

校门外

家长们翘首等待

哗啦啦

一场大雨倾盆而下

茫茫的雨雾在天地间升腾

刹那间

阻隔了校园内外

雨滴肆意地飘飞着

打湿了街道 房屋 树木

马路上

人们纷纷拿出雨具急急赶路

一场没有结束的疫情

一场不期而遇的大雨

把那短短的回家路

变成了咫尺天涯

"呀,新冠肆虐,决不能让孩子淋雨感冒!"
起身　拿伞一路小跑
楼道上　校园里
几个 几十个身影集结着
教学楼和放学点之间
开出了朵朵伞花
梦幻般架起一座七彩廊桥
弯着腰　带着笑
雨帘间便出现了一片片小小的晴空

那是怎样的一座桥啊
搭桥的人伫立雨中
伸出臂　探着身
冷雨淋湿了后背
凉风吹乱了发梢
时间悄悄地流逝
疲惫慢慢地侵袭
那一个个雕像般的温柔姿态
那一朵朵彩虹样的五色伞花
那雨中蜿蜒挺立的师爱之桥
让天涯又变咫尺

娃娃们蹦跳着　欢唱着
新奇又悠然地迈向廊桥的另一端
无数焦灼等待的目光
已然成了惊喜的感念
拥抱着私语着

消失在黄昏的小街尽头

雨点依然噼噼啪啪地流淌着
可那不是雨水
——是师爱汇成的涓涓小溪
汩汩涌动的是明强人奉献的心雨
大雨暴虐无情
人间温情有爱
那座伞花连接的廊桥啊
是初夏雨中最别样的风景
是疫情复学最动人的歌谣
那么美　那么暖
那么亮　那么真……

2020 年 9 月 3 日

金灿灿的心灵

当四月的千纸鹤

还在我们心底飞翔的时候

当楠楠晶莹的泪光

闪烁着希望和喜悦的时候

当两千多颗金灿灿的心灵

把实验小学的校园

变成了人间四月天的时候

春天已经隐藏在我们的口袋里

如隐形的翅膀陪伴着我们走过

课堂上我们倾听着关于爱的奇迹

小女儿的爱心使瘫痪了14年的父亲重新站了起来

沙利文的爱心让聋哑的海伦凯勒成了全人类的楷模

……

课堂外我们演绎着爱的故事

点点滴滴　滋润着每一寸心田

那次我骨折了

班主任把我背上背下

同学们为我忙里忙外

是他们让那段艰难的日子

变得温暖而灿烂

体育课上我摔跤了

手心的鲜血不断往外渗

钻心的疼痛让我泪眼汪汪
小伙伴急忙赶来安慰
细心地擦拭　小心地上药
我的嘴边又浮现出两个笑窝窝

那天的阳光格外热辣
可我的水杯在匆忙中丢失
就在口渴难忍的时候
眼前出现了五颜六色的水壶
往日平淡的净水
喝到嘴里,却是那样地清甜清甜
外籍同学小志刚到我班
听不懂中文也看不懂汉字
茫然和失落困扰着他
"别担心,老师来帮你"
于是
课余便成了他和老师汉语交流的好时光
日子一天天过去
小志听懂汉语,也会读课文了
当小志的妈妈带着感激送上自己的心意时
老师笑着说:
"不用,这是我的工作,也是我的职责……"

最近小晋的哮喘病又犯了
医院里一住就是两个星期
好不容易回家
医生叮嘱还要休养七天
这可急坏了家人

落下的功课该怎么办?

"叮咚,叮咚"门铃响了

啊！原来是老师上门给他补课了

一次两次三次……

很快小晋赶上了学习的进程

在老师的笑容里小晋清楚地看到

她眼角的鱼尾纹深了

她头上的白发多了

小晋的心也痛了

藏在心底的情感更浓了

"丁零零"上课了

"同学们好……"

咦,好听的声音为什么这样嘶哑?

原来老师用嗓过度,嗓子发炎了

可是去医院又要花费很多时间

她不舍得呀

第二天

"老师,这是金嗓子喉宝,可管用了!"

"老师,这是胖大海,用它泡茶,润喉又养肺呢!"

"老师,这是薄荷糖,含在嘴里效果很好!"

看着孩子们焦急的眼神

听着孩子们暖心的话语

她的眼睛湿润了

那一刻她深信她就是世界上最幸福的人

那一刻她深信她拥有世界上最纯洁的爱

当孩子们心底最珍贵的东西慢慢地托出水面

遇见阳光结成了珍珠的时候

这就是整个十里果香的秋天

这就是永不停歇的脚步迈向的巅峰

她总在那里,像翩翩彩蝶追寻着春天的脚步

她总在那里,像星河闪烁吸引着我们的视线

金灿灿的心灵,暖融融的爱

把我们的校园装点得格外美丽

把我们的生活润色得活色生香

爱如莘溪,爱如沥水

爱是今夜的星辰

爱是今夜的篝火

爱是你我之间永远不变的承诺

当你播下友爱和温情的种子

它就会发芽、成长

无限芬芳落尽

唯有绿树依然

它扎根在土壤里

默默地奉献着自己

也渐渐地壮大着自己

当它用真爱滋养绿叶的时候

也让自己变得

高大而美丽

宽广而深厚

……

2006 年 6 月

遇见·相守

我们相遇在疫情蔓延的 2020 年
我们相守在疫情散去的 2021 年
一年的时间是如此短暂
一年的时间却也足够
让我们走进彼此心灵的广场

你们是最善良的孩子
彼此携手一起往前走
小瑜的需要牵动你们每个人的心
学具脏了 小周立即去擦拭
脾气急了 小吕马上去安抚
物品不见了 小宋急着去寻找
课堂不专心了 小黄悄悄去提醒……

你们是最阳光的孩子
每天用微笑迎接老师
每天用文明要求自己
小甘的脚骨折了
小熊午间端起饭盒轻轻地放在他桌上
小傅课后便默默地背起他的小书包
天天陪他到校门口的放学点
晚一点没关系
重一点不要紧
忙一点刚刚好……

这点点滴滴汇成了爱的小河
在温馨的教室里涓涓地流淌

你们是最会倾听的孩子
清澈的眼眸闪烁着
求知的渴望
课堂上回响着你们琅琅的读书声
端正的身姿诉说着
向上的愿望

你们是三月的花开
你们是调皮的繁星
你们是飞舞的精灵
你们是闪亮的白帆
航行在知识的蓝海
你们是喜悦，是希望
是治愈的诗行
是世间最美的语言！

童颜点亮了春风
笑声摇醒了樱花……

2021 年 10 月

致小石子儿……

——致五(10)小石子毕业班的孩子们

六月是夏荷初绽的季节

当别离的笙箫悠悠地传来

湿漉漉的空气里便写满了出发和远方

你们是我亲爱的小石子儿

明强百年的气韵

是你们求知道路上

最初的洗礼

最纯的记忆

最美的童真

你们啊,将从这里出发

走向遥远的地方

当你们从今天走向明天

也绝不会把昨天遗忘

那些蹦蹦跳跳活泼泼的日子

有过的懵懂

有过的好奇

有过的眼泪

和数不清的欢笑

都会留在你们童年的纯真岁月里

我们相遇在千年的古镇上

我们相伴在百年的校园里

我们相知在温馨的教室中
那些是我们共同的宝藏啊
今天,我们就要说再见了
我的眼眶含满泪花
我的心中装满祝福
可是那泪花不是悲伤
——是幸福的歌唱
今天,我们分别了
可是那不是失去
——是永远的珍藏

我亲爱的小石子儿啊
你们要去的地方
是一个更大更广更高的地方
那里有更大的挑战等着你们
那里有更多的风雨磨砺你们
但是,我知道啊
你们都将携带着小石子儿的初心、坚实、阳光和友善
那是你们前进的行囊和宝藏
它必将给予你们无穷的力量
让你们在未来的未知里闪耀着属于自己的光芒
而我甘愿成为你童年记忆中最初的那颗晨星

今天是童年的句点
今天是少年的起点
灿烂的阳光里也写满了出发和远方
让我们快乐地道别吧

在这个夏荷初绽的季节里
让我们真诚地祝福吧
在这曲悠扬美妙的笙箫里

我亲爱的小石子儿啊
今天,不是别离
是下一个重逢的开始……

2020 年 5 月 14 日

校园里的凌霄花

五月的风
温热中裹挟着潮湿
绿意葳蕤的藤架上
第一朵花苞绽开笑颜
你闪烁着艳阳般的眸子
张望着满眼浓浓的绿

摇曳着初夏的晨曦
架下孩子们在晨读、嬉戏
老师们在交谈、在小憩
一切都是那样自然又安然

不消几日
两朵三朵四朵
星星点点的红
便陆续而骄傲地抬着头
带着巧笑蔓延了整架青藤
那玲珑通红的小小酒杯里
想必斟满了夏天的热情和甜酒
齐齐地举起
邀约人们共赴一场盛夏的夜宴
饮尽生活的五味
当你用火红的身体染尽一廊的浓绿
便也点燃了如火的夏天

当那句著名诗人的宣言：
"如果我爱你——绝不像攀援的凌霄花
借你的高枝炫耀自己"
在大街小巷被人们诵吟时
我想说你也蕴含炽热的慈母之爱
象征着敬佩和声誉
表达着不屈和感恩
你依靠自己的坚韧、执着
智慧地借力
不懈地攀爬
终于达到心中向往的高度
便在梦想的光辉里
让灼灼的生命尽情燃烧
让火火的艳光照耀一夏

你志存高远的威严
是校园四季最美的焰火
映照着每个人的心湖
你明艳动人的身姿
是夏天最俏的天使
宣告着每个梦想的力量

在轮回的时间长廊里
永不停歇
永不言弃
向上是你的标签

明艳是你的色彩

爱你是我的告白

2019年6月22日完稿

明·强·人

这是一块红色的教育沃土
历经百年风霜的洗礼
星星之火从这里燎原

这是一个绿色的教育摇篮
一代代少年在这里茁壮成长
走向祖国的四面八方

这里一片蓝色的教育天空
一辈辈师者把青春和热血奉献
点燃一簇簇智慧的火焰

这里是一座七彩的城堡
千万个你汇成一个大大的我们
我们在这里勤奋学习
我们在这里勤恳劳动
我们在审美中研究
我们在研究中超越

这里有教师发展的挚友
这里有学生成长的足迹
这里是学校变革的哨所

我们都在每一个悠长美丽的晨昏

把奔忙的身影留在百年文化积淀的校园
只为守候那同一颗初心
只为肩负那同一个使命

遇见明天那个更好的自己
创造一片生机勃勃的教育天地
成就一群审美超越更强更智慧的教育人
——明　强　人

2022年2月23日上午

你 们

——给二(4)班的学生

你们是可爱的精灵
给阴雨连绵的日子
带来一片阳光灿烂
让光明和美好驻守

你们是春天的使者
时而乖巧懂事
时而捣蛋调皮
把童真和温暖留守

你们是一群走向我的孩子
课堂每一段时光共同度过
看着你们一天天成长
骄傲和欣喜在心头涌动

你们是一捧色彩各异的小豆
有的鲜红有的翠绿
有的金黄有的洁白
打翻了五彩调色盘
生活成了美妙的万花筒

有了你们的陪伴
即使年华日日老去

藏着的童心

依然

活泼泼地生长悦动……

新学子

门前一棵桂花树，
窗后一株大芭蕉。
桂树百年花香浓，
芭蕉叶大高又绿。
我的新家在中间，
宽敞干净多明亮。
同学聪明又可爱，
老师亲切又严格。
努力学习不怕难，
开心劳动不嫌累。
我是明强新学子，
为她增光又添彩！

2021 年 8 月

娃娃和雨点

小雨点呀小雨点,
天上跳伞到地上,
地上花儿笑哈哈,
河里青蛙叫呱呱!
路边小草洗洗澡,
田里庄稼喝个饱,
小娃娃呀心花放!
快快穿上花雨衣,
蹦蹦跳跳雨中耍,
打湿小脸也不怕,
边追边喊边舞蹈,
雨点雨点你别跑,
我是你的大宝宝,
你是我的小乖乖!

颜　色

天空是蔚蓝的

草地是碧绿的

枫叶是火红的

雪花是洁白的

心中的梦想啊

它是五彩的

四季歌谣

（雨字头字串童谣用于识字教学）

春雷滚滚来报道，

夏天冰雹雨潇潇，

秋霜晶莹会闪耀，

冬日大雾绕山腰，

东方朝霞出九霄，

四季风光真奇妙！

2023 年 4 月 20 日

春　天

樱花烂漫是春天的笑靥
柳絮飞扬是春天的相片
蝴蝶翩跹是春天的律动
细雨绵绵是春天的曲谱
蝌蚪游弋是春天的音符
归燕呢喃是春天的合唱
你来了
怎能不让我欢喜雀跃
欣欣然
便融进了你吹来的暖风里

写给小口罩……

你貌不出众,
薄薄几层无纺布,
方方小身形,
细细两根带,
你却出手不凡,
遮住口和鼻,
阻拦病毒和灰尘,
守护健康和安全!

那些新冠肆虐的春天里,
比严冬更寒冷更让人颤抖啊!
此时,你挺身而出,
大街小巷都晃动着你的身影,
蓝色的、黑色的、白色的、粉色的……
看到你就看到了安心、安全,
那时,你比黄金更贵重,
比珍宝更稀有啊,
这个春节呀,
最暖心的礼物便是你!

你成了每个人随身必戴的亲密小伙伴,
没你陪伴的时刻,
宛如裸奔,人人侧目!
你成了世界的宠儿,

人类的守护神,
生命的保护伞,
形影不离的日子啊,
你是疫情肆虐的隔离带,
你是新冠传播的防疫墙,
爱你,只因病魔袭来的至暗时刻,
你护我周全在人间,
我们依偎着走过了漫长的黑夜,
迎来了黎明的晨曦。

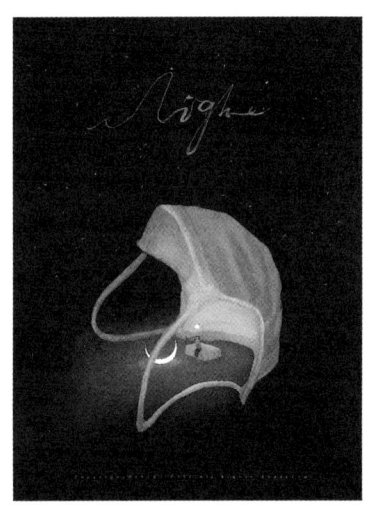

如今,我终于,终于可以摘下你,
自由顺畅地呼吸一口空气了,
我终于,终于可以响亮地传递一句话语,
舍与不舍,想说再见也是那样艰难,
见与不见,都不是人类自己的意愿,
那么长的厮守,
那么久的搏杀,
绝不是我心中所愿!
我愿在晴空下大口大口地呼吸,
我愿在大地上无遮无拦地交谈,
我愿所有的逆行与牺牲,
我愿亿万人的禁足与坚守,
来换取我们的永不相见,
我愿取一个巨大的密罐,
把这个春天里的冬天,
所有恐惧和不幸永远封存!

感谢不足以表达我对你的情谊，
在你轻薄的护翼下，
撑起生命的一方蓝天，
点燃希望的一团火焰，
所有的人们啊，
都将会把你镌刻在生命的年轮里，
铭记你给的这段记忆，
珍藏你给的这段时光。

悲情的、喜悦的，
不幸的、幸运的，
绝望的、希望的，
失去的、拥有的……

2020 年 6 月 5 日

彩虹桥

雨后天空真奇妙,
架起一座七彩桥。
赤橙黄绿青蓝紫,
阳光给她穿彩袍。
小小雨滴千千万,
聚在一起多奇幻!

我和白兔轻轻跳,
牵手过了彩虹桥。
嫦娥姐姐微微笑,
亲手捧出桂花糕。
香甜滋味云中飘,
亲亲热热多逍遥……

我爱天空彩虹桥,
清新雨后阳光照。
风光无限真美好,
画笔挥洒到九霄。
七种颜色七个梦,
编织中华飞天梦。

2021 年 12 月 9 日

秋 歌

（一）

霜催梧桐叶渐黄，
丹枫傲娇艳无双。
秋去冬来岁将尽，
花开叶落又一年。

2021 年 11 月 24 日

（二）

秋到校园生乐事，
风吹桂子飘暗香。
稚子树下收落花，
笑语花香润童年。

2021 年 11 月 2 日

（三）

秋意渐浓园中驻，
桐叶纷飞金蝶舞。
红叶一串攀绿树，
彩云几朵追明月。

2020 年 10 月 10 日

（四）

初秋残荷疏，
风轻宫灯明。
天高碧云淡，
溪浅映红妆。

2020 年 10 月 11 日

咏 春

香径通幽处，
蔷薇满枝丫。
暖风携芳菲，
春意挂梢头。

2021 年 5 月 2 日

咏蔷薇

暮春洗浴涤野客，
娇俏玲珑香风和。
笑颜灼灼满春夏，
花开朵朵唱韶华。

2023 年 5 月 2 日

师生同赏共赞校园里的秋

笔尖上的秋

刚刚学习了琦君的《桂花雨》,她对故乡的思念全寄托在那童年的桂花雨中,桂花是她故乡的象征,她笔下桂花树、桂花香和家乡人的淳朴与美好令我和孩子们为之心醉不已。正值秋风凉,秋草黄,秋姑娘悄悄地来到了校园里。清晨,我带着全班的孩子从百年桂树下整队出发,在晨光的沐浴中游览了秋意渐浓的校园。格桑花丛前讲述它的美丽和神奇,清香扑鼻的桂树下细嗅它的芬芳,篱笆花墙边讨论喇叭花和五角星花谁最形象……细数各种秋花的花瓣,了解它们的花语,从而体会到老园丁沈师傅的劳动创造了这些秋天的美好。

在孩子们叽叽喳喳兴奋不已的惊叹和讨论中我们用了35分钟,走完了校园中那些充满秋意和美丽的角角落落,眼睛亮了,思路开了。我便即兴写下一首五言诗,让孩子们朗读体会。

咏 桂

园中桂百年,

八月即飘香。

金花似米小,

清远润秋霜。

20个字便写出了我对桂花的喜爱和赞美,琅琅的读诗声在校园中响起,那么清脆,那么纯真,为校园的秋平添一种风景和意蕴。

"孩子们,读完了老师的小诗,那么该你们显身手了,今天也来用笔写下你眼中的秋,你心里的情吧,没有字数的要求,也没有文体和格式的要求,大家随便写,这就是小随笔!"教室里一片欢呼变成一阵阵沙沙的书写!

于是一首首小诗和一篇篇小文便诞生了!让我们来欣赏一下:

朱家炜：

咏　桂

校园一棵桂花树，
盛开时节香四溢。
可做糕饼入茶水，
唇齿留香惹人爱。

苏思昊：

咏明强桂花树

广寒宫中桂，
疑落校园间。
花香沁百年，
熏染学子心。

应恺闻：

金桂(其一)

桂花黄金叶子绿，
朵朵花开似小米。
香飘十里非藉风，
正是自香才飘香。

金桂(其二)

八月金桂开，
九月正飘香。
十月可采集，
回家酿酒喝。

金桂（其三）

校园百年桂，

秋季正开花。

秋风吹一吹，

香飘满校园。

万忻宸：

金 桂

八月台风季，

万花千百落。

桂花如米粒，

但香千百里。

邓博瀚：

咏 桂

远看似蝼蚁，

近观如金盏。

秀色满枝头，

桂香飘十里。

彭人云：

校园的秋天

九月园中桂花开，

十里飘香惹人爱。

莘莘学子树下围，

秋意盎然习正浓。

刘睿之：

小桂树

院中桂花一小树，
朵朵金花挂枝头。
十月秋风香飘溢，
笑脸相迎无忧愁。

吕奕霏：

咏　桂

世人种桃李，
明强植丹桂。
细风暗香涌，
朵朵竞自开。

桑智轩：

咏桂花

颗颗金黄似金子，
淡淡香气沁心底。
远看未见惹人奇，
近寻却藏枝叶里。

曹嘉博：

校园秋色

金桂又飘香，
格桑互争艳。
校园尽染处，
秋色意浓浓。

邵泓滔：

咏 秋

百年明强名声响，
秋风阵阵送花香。
书声琅琅歌声亮，
吾辈少年当自强。

黄歉辰：

咏五角星花

园中几点红。
与桂齐飘香，
红似日中火，
五角向天放。

朱子轩：

校园的桂花

明强百年桂花树，
现在已经开满花。
不说香飘十里外，
至少香气浸校园。

宋彦灵：

咏格桑花

一枝一簇影缤纷，
世界各地都有你。
八瓣九瓣寓意着，
幸福生活总到来！

陈思涵：

咏格桑花

校园格桑绽，
白花衬黄蕊。
花瓣似雪净，
纯洁入人心。

王艺程：

今天我们的语文雷老师带我们去看学校的百年桂花树。一开始我觉得特别无聊，但是，当我靠近之后，我就后悔了，桂花不说婀娜多姿，那也香飘十里，它的大小像米一样、黄黄的，像一朵非常小的喇叭花，而且香气诱人，可以做成桂花糕，桂花茶，还可以酿蜜呢！八月和九月正好是桂花盛开的时候，整个学校都浸在桂花的香气里。

宋卓朗：

校园的秋天

一个秋天的早上，雷老师对我们说："现在秋天，虽然花开得没有春天多，但是现在却开着许多春天看不到的花，校园里就很多，我现在带你们参观一下。"说完，让我们排好队出去看花。老师带我们看了格桑花。这是一种生活在西藏高原上的花，全闵行区只有我们学校有。我们还数了格桑花的花瓣，一般是8瓣。雷老师还告诉我们一条关于格桑花的传说：谁看见八瓣的格桑花，谁就非常幸福。

接下来，我们欣赏了桂花。桂花虽然姿态不美，但是桂花的香味，实在是太迷人了，我们一个个都沉浸在桂花的香气里。

时间过得真快，上课铃声响起，我们依依不舍地告别秋花回到教室上课。这真是一次特别的秋游啊！

徐天祺：

校园的桂花树

"广寒香一点，吹得满山开。"这个金秋时节，正是桂花再一次绽放自己生命的时候。雷老师带着我们来到学校百年桂花树下。桂花的花朵很小，每朵只有4片黄色米粒大小的花瓣，中间是褐色的花蕊，树枝上藏了很多，密密麻麻，地上也是随处可见。

桂花虽然没有牡丹那么妩媚动人，也没有梅花那样迎寒怒放，但是它却是默默地开放，将沁人心脾的香味洒向人间。这正是桂花令人赞叹的地方，我爱桂花！

朱梓灵：

校园桂花香

今天上午，雷老师没有给我们上早读课。去干什么了呢？是带我们去赏桂花了。

大家可高兴了，安静地在教室门前排好队。我们先去看了学校里最有名的百年桂花树。它是一棵金桂，近距离闻有一阵淡淡的清香。我们接着又去看了丹桂。它的颜色是很好看的橘红色，它的香味不是很浓，但是也很香。我们一边走一边数，原来我们的校园里总共约有30棵桂花树呢！

桂花只在秋天开放，我一定要享受并珍惜这淡淡的清香和桂花的美丽。

张伟博：

校园寻花

秋天到了，校园里充满了香气。看！那是格桑花，是一种生长在青藏高原的花，很难在平原生长。雷老师让我们数一数每朵格桑花的花瓣，我一片两片地数了起来，发现大多数格桑花都是8瓣，雷老师对我们说："见到8瓣或9瓣格桑花的人，会终身幸福"。

这时一阵风吹来，我闻到校园中有一股香香的味道。我找啊找，找呀找，呀！原来是桂花，一串串，一簇簇黄色的小花开满了整棵桂花树，风一吹，桂花纷纷落下好像在高兴地跳着舞，落在我的头上、地上，像一片黄色的海洋。

这次寻花之旅使我开心，我爱这些花朵，更爱秋天。

吴柏纬：

校园的秋

农历八月，正是桂花香飘十里的时候。

课间，老师带着我们站在桂花树下赏桂。听说，我们学校的桂花树已经有100多年的历史呢！淡黄色的桂花如同米粒一样大小，当一簇一簇的桂花竞相开放时，就像一个黄色的花球，躲在绿叶中，可爱极了！而桂花特有的香味，沁人心脾，令人陶醉。

老师送了我们一首诗：园中桂百年，八月即飘香。金花似米小，清远润秋霜。

吴柏霖：

校园的秋

我们校园有好几棵桂花树，大大小小、高高低低，千姿百态，而我最喜欢的是一棵老桂花树。

它有着百年悠久历史,它那古老的树干和那脱落满地的树皮诉说着它的年龄,但它的生命力又极其旺盛,树叶密密麻麻,桂花金灿灿挂满枝头。

桂花的香气不像玫瑰那样浓郁,它淡雅芳香,使人一闻就可沉醉在这香气里。八月自有桂花香,师生沉醉花香里。

王弘毅:

格桑花

你在八月盛开,
你的生命短暂。
或许一月,
或许一天,
但你的清香,
布满整个山头。
以前你只在高原开放,
现在你还在校园绽放。
是因为园丁们,
是他们让你在校园绽放,
是他们的劳动让你绽放。

李楚凝:

校园的秋天

桂花树已有百年,
在校园中静静盛开。
每每从它身边经过,

阵阵花香袭来。
停下脚步抬头眺望，
米粒般朵朵桂花，
那么金黄璀璨。
翠绿的叶子，
显得那么生机盎然。
桂花多么香啊！
香得浓郁，香得醉人，
我的整个身体都浸在香气里，
仿佛飘飘欲仙。
我捡起地上掉落的桂花，
小花在我手里黄得鲜艳，
黄得柔嫩。
水灵灵的 黄澄澄的，
让人由生爱慕之心。
铃声响起，
我依依不舍地
离开它，
但桂花的香气，
依旧在我心中萦绕，
久久……久久……

王懿菲：

校园的秋天

秋天的早晨，
阳光灿烂，
万里无云。

正是这样的早晨，
让我遇见了一朵朵优雅的的花，
那是格桑花。

校园里，
钟楼外，
假山前，
瞧！那一簇簇小巧的花儿布满眼前。
嫩绿的枝叶托起一朵朵
紫中透白的格桑花。
"八瓣、九瓣……"
我们新奇地数着花瓣，
它好像在对我说，
"祝你幸运、幸福……"

那一朵朵淡雅的格桑花呀！
你们不仅是秋天
一道迷人的风景，
更是园丁们辛勤劳动的
——结晶！

邢逸如：

九月，
是秋天的第一个月。
校园里的桂花开了；
格桑花也开了；
那些高大的树啊，
也落下了金黄的落叶。

九月，
老师、同学们再一次相见。
老师那温柔的声音，
同学们那欢乐的笑脸，
还有那校园里的一花一草、一树一木，
令整个校园充满生机！
秋天，
是一个美好的季节。
肥硕的苹果，
香甜的橘子，
还有那大大的、火红的石榴……
秋天，
是一个收获的季节。
同学们每天都收获新的知识；
老师每天都收获园丁的喜悦。
我爱秋天，
更爱秋天里的校园！

乔楚依：

校园的秋

秋天已经到来，
整个城市变得金黄。
无数果子、花朵映入人的眼帘。
清晨，许多身影漫在花香中。
那稀有的格桑花，
已在假山前开成一小丛。

同学们欢快地数着花瓣，
八瓣、九瓣。
各种颜色的花朵，
是园丁伯伯辛苦的结晶，
让我们的校园变得美丽。

那一片片格桑花和桂花，
成了我们最美的风景。
金桂、月桂、丹桂和银桂，
在校园里都见到了它们的身影。

那个个米样大小的桂花啊，
让我们的校园变得迷人。
那美丽的秋色啊，
成了四季中最别样的风景。
那些可爱的小花啊，
成了我们小学生涯最美的回忆……
……

  看着明强校园内里多彩的秋，读着这些孩子们笔尖上的秋，这校园、这桂花树、这格桑花忽然间又多了几分童趣多了几许生气，那是这个秋天别样的享受和馈赠，更是一种播种的收获和欣喜。我就这样引领着孩子们走进秋天的语文实践，把秋留在了纸上，把美带进了教室，更把浓浓的秋意书写在每个孩子的心田……

您的模样

明强小学 2020 届五(10)小石子儿中队　王嘉依
指导老师:雷秀春

秋意浓浓,桂香阵阵,
我不禁想起母校的百年桂树。
每年一到这个时候,
从她浓密的翠叶中就会探出一簇簇花蕾。
当我们从她身旁跑过时,
似乎也会沾上一身清淡甜香的味道。
秋风过后,
我们会蹲在她周围,
把一粒粒桂花拾起放在小手掌上,
仿佛也把秋天掬在了心中。

你瞧,还有那高大的法国梧桐,
就像健硕魁梧的卫兵,
一直在守护我们。
盛夏,为玩耍奔跑的我们撑起一顶顶绿色的大伞,
深秋,又会随意铺满一庭院金黄色的手掌形"信纸",
上面,写满了他们的问候。

教学楼前的灌木丛,
正是我的"秘密基地"。
几十只乌溜溜的西瓜虫,
会在我和好朋友的静静注视下,

慢慢"起死回生",
一颗颗圆球儿试探着舒展开身体,
继续前进。

道旁的花圃中种满了鲁冰花,
粉的,蓝的,紫的……
挺直的花束你挨着我,我挨着你,
风一来,花儿们便说起悄悄话……
与《花婆婆》里描绘的不同,
校园的鲁冰花出自我们朴实敦厚、独一无二的"花爷爷"。

小石子儿中队的教室里更有别样的"风景",
雷老师的花裙子飘来飘去,
如同一只蝴蝶,
带我们领略中文的美;
赵老师总是雷厉风行,
洪亮的声音还在耳畔,
身影却已闪到了走廊尽头;
刘老师的英语发音标准清晰极了,
简直像一台行走的播放器。
教室就是我们在校园里的小窝,
那里有嬉闹、欢笑,
更有友情、温暖……

我爱我的母校——明强小学!
你的模样依然是那么清晰,
合唱团的歌声,

操场上的笑声，
琅琅的书声，
似乎仍在耳边回响。
我相信，
只要记得那些永远长不大的回忆，
便不会真的离开……

(2020年11月 深秋王嘉依于上海)

六棵梧桐

又是一年秋风吹
又见梧桐叶纷飞
那掌形的树叶
叶脉纵横的交错
黄与绿奇妙的交织
是秋天最美的名片
是生命行走的路线

校园里那六棵梧桐
从春夏的绿意葳蕤
到秋冬的飘零静默
聆听了多少个清晨
孩子们的清脆诵读
注视着多少个午后
树荫下的欢笑追逐
又送走了多少个黄昏
智慧劳动归去的背影
六棵梧桐的生长
记录着校园的四季轮转
守护着纯真的七彩童年

一个人的一生
要经历多少个秋月圆缺
一个人的一生

要目睹多少片桐叶飘零
转眼秋去冬来
纷纷的叶雨
是今秋缠绵的怀念
是明春诗意的序言

又是一年秋风吹
再见梧桐叶纷飞
……

2022 年 11 月 16 日

第二篇章　走遍万水千山·翩跹柳梢云端

导读：

尼采说："每一个不曾起舞的日子都是对生命的辜负。"每一个太阳升起的清晨，都要努力比昨天活得精彩一些。涛走云飞、花开花谢，悲欢离合、喜怒哀乐，生活的酸甜苦辣，在艰难的跋涉中提纯一份专属自己的浪漫情怀。

1　北方的雪，南方的雪

2　被拯救的葵园——观展有感

3　变

4　海上探戈——观金星舞团演出有感

5　衡山路

6　感悟婚姻

7　简爱——足尖上的花朵之芭蕾舞剧《简·爱》

8　简单

9　你的风采

10　你若安好，便是晴天——给病后的友慧

11　你是一片云——致早逝的洁云母女

12　日本风铃

13　如果喜欢

14　如何才能不想你

15　西塘印象——记生活着的千年古镇

16　一家人——"5·12"汶川地震

17　北戴河的蝉

18　生活片段

19　致银杏

20　色彩的盛宴——赏莫奈特展

21　一棵开花的白玉兰树

22　"缘"来牵手——致俞亚勤老师

23　我和我的室友们

北方的雪,南方的雪

雪,一朵一朵
带着天空的浓情
撒向干涸的原野
原野变成了雪被
撒向裸露的树梢
树梢变成了琼枝

我走出暖暖的门
迎着冷冷的风
伸出手,仰起脸
雪花,轻轻地吻过我的手
雪花,柔柔地掠过我的脸
凉凉的　缓缓地
汇入了记忆的海洋

童年,北方飘雪的天空
分外辽远
炊烟,袅袅地缭绕着低低的草屋
雪地,留下村童脆脆的笑声
雪夜,妈妈牵着我的手
踏着没过脚踝的雪地
那咯吱咯吱的回响啊
多年来未曾淡忘过
那晚天上的月亮啊

那么白,那么亮

多年来我未曾再见过

雪,一片一片

带着远山的乡愁

飘落在南方的小河

小河把它融入心田

这是她新生的娃娃

飘落在飞扬的发梢

发梢别上银色的发卡

这是新年最美的礼物

踏雪,我牵着宝贝的手

可雪中不再有当年咯吱的回响

赏月,我吸着湿润的空气

可天上不见了记忆中月的银白

北方的雪

分外轻柔

那是被风吹远的鹅毛吗

南方的雪

有些凝重

那是承载着太多的柔情吗

北方的雪

飘在地上便睡着了

静静地

南方的雪

落在河畔上便不见了
无痕地

我不知道更爱哪一朵
因为我是从北方
飘到南方的雪花
一朵想着北方
又恋着南方的雪花
一片牵着杨树林
又挂着油菜田的雪花

雪,一朵一朵
雪,一片一片
夹着天空的浓情
裹着远山淡淡的乡愁
当这千般的美丽都零落
遗留在指尖那无言的痛
我分明
听到了岁月在心中拔节的声音……

被拯救的葵园

——观展有感

没有梵高笔下炫目的金黄

没有摄魄的生机

更没有秋收后莹润的丰腴

满目的枯败肃杀

赭褐的、青紫的、衰黄的

低垂着、横卧着、斜倚着

那是生命的秋天吗

那是脚下这片土地无声的控诉和抽泣吗

葵园中的沧桑与悲凉

在广袤的原野中肆意地弥漫开来

撼动着一群又一群来了又去的心灵

让拥挤的城市角落显得如此空旷

一片濒临死亡的葵园

一个身陷迷茫的人群

品读着画家心中的挣扎和呐喊

留恋着、私语着、澎湃着、思索着

被拯救的是葵园

还是在疯狂世界里游移的灵魂呢

变

多年以前的她

蜿蜒狭窄的柏油马路

高低错落的破旧矮房

零零落落的小商店

乡音吴侬的本地话

日出而作,日落而息的人们

僻静安详的远郊小镇

没有人了解它

过客过了就遗忘了

她就这样守候着

她的那份寂寞的美丽

多年以后的她

却早已改换了当初的容颜

她就像蜕变的丑小鸭

出落成美丽的白天鹅

大片大片的绿地

如翡翠坠满了它的衣衫

她稳坐人均绿地上海第一的交椅

她拥有全市唯一的国家园林城镇桂冠

一个又一个优美的居住小区

如引凤栖息的梧桐

吸引着追梦的新上海人

纷纷在它温暖的胸怀落户安家
我骄傲我是莘庄人
这儿有钢筋混凝土森林中的绿洲
我自豪我是莘庄人
这儿有最佳的居住空间
朋友们艳羡的目光
让我坚信当初的选择

整洁舒适的人文环境
迅捷便利的轨道交通
日趋成熟的商业网络
现代文明的市镇规划
让它成了新时代城镇的典范

现在的她
是上海西南地区对外交往的形象窗口
是上海城市发展的缩影
是国际企业进驻的沃土
她走到了中国城镇发展的最前沿
她承载着闵行的希望和梦想
意气风发迈向无限光明的未来

海上探戈

——观金星舞团演出有感

谜一样的女人

谜一样的传奇

在谜一样的舞步中旋转

轻盈的足尖飘忽推移

纯白的、墨黑的、鲜红的

单纯绝色魅惑

衣袂翩跹不绝

现代的,超越现实主义的思想在闪耀

往昔的,中国旧式女子压抑青春的祭奠

世界的,中国舞者对世界古典音乐的个性表达

民族的,对中华精粹唯美写意的淋漓描绘

四喜的灵异,脚步的迷乱

独白的纠缠,半梦蝶蛹的蜕变

海上探戈激情的舞步

是一场令人迷醉的盛宴

是一曲叩问心门的神曲

悱恻的呐喊的

憧憬的遗弃的

交融的撕裂的

控诉的聆听的

是人世间不能剪断的情事纷纷

男人女人一齐主演的一幕幕戏剧

绵延不断,永无止境
金星灿烂是今晚的虹霓
今晚的虹霓是金星舞团

2010年春

衡山路

绿意浓浓的悬铃木
早早让春天明艳了
小酒吧的门关闭着
藏不下异域的小景
西点房的面包烘焙着
散发着甜甜的香味
弥漫在湿漉漉的空气里
一家家精致的店铺
挂着或复古或时尚的
美丽春装
淡黄色的围墙
挡不住院内一幢幢
红瓦白墙的风情

她默默伫立在东方城市的一隅
却掩不住西洋美丽容颜的忧伤
她是这个古老国度创伤的历史
也是今天这个城市怀旧的标识
如若百年后的遇见
触摸怦然心动的脉搏
感受你繁华的幽静的
是你不变的高贵姿态
是你孑然的寂寞眼神

春雨蒙蒙的午后
伴着蓝调动人音韵
脚步踟蹰着游移着
思绪随着细雨飘零
在这条名闻遐迩的马路上

感悟婚姻

其一

是他和她的一场戏
是演员也是观众
没有剧本也不需彩排
戏里的悲欢苦甜自知
舞台是那个称为家的地方
日复一日年复一年
用青春为赌注
期待着所谓的幸福
有的输了
浑身伤痕各奔东西
有的赢了
满脸甜蜜白首不分离

其二

当爱情脱下美丽而梦幻的纱裙
便开始在平淡如水的日子里
积累亲情的砖瓦

用责任当水泥

他和她从此建造那个婚姻的城堡

一点一点加固

直到结实得足够抵御不期风霜的侵袭

于是慢慢地

她成了他的妹妹、母亲和他们孩子的妈

他成了她的哥哥、父亲和他们孩子的爸

角色在岁月的长河里不停地变换着

乐于其中的他和她彼此守候着

只是守候的不再是他们年轻时的爱情

而是温暖的、平实的、朴素的

唇齿相依——那种踏实的感觉

简 爱

——足尖上的花朵之芭蕾舞剧《简·爱》

淡淡的紫色让舞台闪耀
高贵忧伤的光芒
简单的布景让人物迸发
单纯激烈的情感
简提着行李箱
优雅地走向一座弥漫着
灰色的神秘城堡
开始一段纠缠热烈的爱情
贝莎疯狂撕裂的爱恋
点燃了熊熊烈火
炙烤脆弱的灵魂
罗切斯特在两个女人的爱情里
痛苦沉浮徘徊游移
时空在舞者们夸张的演绎下
仿佛穿越到
久远的英格兰旷野
足尖辗转跳跃滑行
肢体舒展伸缩飞扬
述说一个悲伤华丽的故事
当一切都被化为灰烬
庄园成为废墟
双眼失去光华
平实让单纯重现

平等让爱情回归
依然包裹着理智的外衣
当所有藩篱都撕碎
赤裸相对心手相牵
依然挣扎着不愿选择
依然等待着不想转身
爱不是忘记
爱不能抉择
爱不是伤害
爱是剪不断理还乱的情怀
爱是欲说还休午夜的寂寞
爱是大漠绿洲期盼的波光
爱是过去现在将来的永恒

2018年秋

简　单

一件白 T 恤
一条牛仔裤
一双蓝跑鞋
简洁的装束
呈现蓬勃的活力

一条直线
一个圆圈
简单的图形
创造无限的意象

无瑕的白
经典的黑
单纯的色彩
演绎不衰的流行

当人们被无穷的利欲
熏染了心
当人们被无休的欲望
困扰了身
于是生活不再有彩虹
于是人生不再有欢愉

过滤了浮华

拂去了尘埃

透过层层的雾霭

看到的是疲倦

看到的是无奈

纯净的容颜

有忧郁的阴霾

无声无息地爬上了

年轻的额头

于是

想寻觅单纯的快乐

于是

想追回还原的自我

于是明白

人生就是

简单地生活

简单地爱

无悔地走过

每一个春夏和秋冬

你的风采

有韵的笑容
是音符的晕染
气定又神闲
是内心的映照
浮躁的世态
动摇不了你的方向
近利的人情
修改不了你的标尺
举手投足的潇洒
低眉信手的流光
把生活的艰难击碎
你的风采
这样独特
你的风采
这样亲切
像汪国真的诗歌
直白委婉
畅快淋漓

你若安好，便是晴天

——给病后的友慧

当初执意来到有你的地方
仿佛冥冥来赴一个未知的预约
没有一见如故的激情
却有似曾相识的心动
或许是近水楼台
或许是情意相投
你我渐渐融进彼此的生活
许多平凡日子便闪亮起来
冬雪春花四载就从指尖
轻悄悄地一滑而过
乍暖还寒料峭春寒
生命给你开了一个玩笑
那几日你常常泪眼婆娑
反复思量着明天的阳光
是否能穿透眼前的阴霾
温暖冷冷的心房
我不知如何才能安慰
因为所有的安慰已是多余
其中的滋味只靠你自己品尝
茫然欢笑掩饰的是
一份举重若轻的感伤
一离开便开始牵念
一牵念便开始祈愿

一纸诊断所有烟云便消散
一声问候便知你安然无恙
你若安好幸福便悄悄弥散
你若安好那日日便是晴天
此后的人生
路还悠长漫漫
我们可以并肩
谈风轻云淡
我们依然牵手
看四季变换

2010年春

你是一片云

——致早逝的洁云母女

2008年我初来乍到
你用甜美的微笑为我引路
我在陌生地方遇见柔美的你
开会了
你带我坐在你的身旁
轻轻告诉我你的名字叫洁云
我暗想多美的名字像极了你
一片洁白无瑕自由自在的云

后来我们有缘分在同一年级
于是,每天走过你的教室
听见你动听的讲课声
听见你对孩子热情的鼓励声
每天楼梯拐角处不期遇见
你总有云一般纯洁的微笑
像春风掠过每个人的心头

我们每每交流这样那样的事情
大家说你长得真美
眼神清澈温婉如水
大家说你性格真好
面对孩子从不急躁
面对家长温文尔雅

时间一天天过去
美好的相处一天天成为过去
我确信你定是天上最无瑕的云
带给每个人都是柔美的感受
我确信定是我身边一道风景
带给身边人的都是娴静气息
不然你怎么就像极了
我心中对云的阐释呢
字如其人名字如你啊

有一天
你说要结婚了
大家真诚为你送去祝福
有一天
你说有宝宝了
大家欣喜地跟你共同期待
我曾经抚摸你隆起的腹部
感受小宝贝的律动和心跳
那些温馨的画面还历历浮现
我说你孕育一片新的小云朵
你用温柔的笑幸福地点点头

我看见你的身体一天天笨拙
眼里闪着对未来的无限向往
脚步还是宛如云一般轻盈
有一天

你说要开始休假了
安心地等待小云朵的降临
有一天
你发喜蛋了
大家说小云朵和你一样美丽
我从心底里为你欢欣而感动

那一天
听说你和你的小云朵走了
毅然决然刚烈悲壮
消失在我能看见的天空里
我哭了
那一定是弄错了
那一定不是你
不是云一样自由而柔美的你

我失眠了
因为没有弄错
那是千真万确
可我依然不能够相信
因为你的明眸浅笑那样清晰
仿佛就在昨夜
你的温热灿烂伸手便可以触摸
仿佛就在今晨

我不知道你在选择离开时
曾经怎样无奈

曾经怎样挣扎
曾经怎样绝望
可是我忘了你是一片云
一片来去无牵挂的云
一片缥缈又虚无的云啊

可我知道你准备离开的最后时分
一定是对世界没有了期待
一定是对生活没有了热爱
一定是对亲友也没了牵挂
乌云重重包裹了你的心
你的绝望如此彻底
你的决定如此悲壮
你的离开如此惨烈
你带着你的小云朵
提前去了
那个我们都要去的地方

从此拐角处不见了你的笑容
从此讲台上不见了你的课本
从此书桌上也不见了你的相片
你用紧闭的双眼
黯淡了双眸的清澈
关上了悲伤的心门
你用云一样的飘散
离开我们所有视线

你戛然而止的生命
如夏花般绚烂如惊鸿般短暂
如果我心底的悲伤能化成祝福
我相信你去的地方
是一个美丽的天堂
没有痛苦没有责难
也没有不休的伤害

你和你的小云朵在那儿
一定不寂寞一定很快乐
一定相亲相爱幸福自在
天空啊没有留下痕迹
可是鸟儿已经飞过了

如果我再抬头寻找熟悉的那片云
蔚蓝天空的白云千朵万朵层层叠叠
两朵云最洁白最美丽的却紧紧依偎
那一定是你和你的小云朵
悠游自在的身影
无忧无虑的笑脸

那是你对这个
悲凉苦涩人间的最后凝望
那是你对这个
温热未散世界的最后依恋
你确信你的选择
是走向幸福生活的开端

是最终解脱的终极决断
你决然的离开让天空大雨滂沱
你刹那的挥别让炎夏变成寒冬
我相信你是一片云
你的家乡是天空
你的归宿是苍茫
云一样飘飘而至
云一样袅袅而逝

2010 年秋

日本风铃

仲夏,我把风铃带回家乡
暖春,我把它挂在南窗
晚风,轻轻叩响南部铁铸成的身躯
"叮——叮——叮——"的回响
传到屋子的每个角落
也轻轻叩响焦躁的心门
那遥远而清澈的絮语
浸润着异域的风情
捎带着东瀛的问候
盛唐的影子复制在悠远的铃声里
两个曾经彼此依存
又曾经仇恨的民族
那么多恩怨复杂的情感
今晚都揉碎在这轻悠纯粹的风铃声中

听,那"叮——叮——叮——"的铃声
如此清脆的呼唤
让思绪如青烟般萦回在初夏的晚风里
看,那黝黑的色泽、闪烁着古老的光芒
问,我爱的是你坚硬的外形
还是空灵的声响
你,让晚风传递给的是美好的未来
还是不远的过去
迂回婉转的呐喊

"叮——叮——叮——叮——"
晚风又在轻叩你的身躯
我想也随风去了
去到那脚步去不了的地方啊

如果喜欢

如果生命是一条河

我愿做河中闪着微光的涟漪

用柔波为秋雁沐浴

如果生命是一首歌

我愿是黑白的琴键

用舞动的双手演奏忧伤的曲调

喜欢戴望舒笔下像丁香一样结着愁怨的姑娘

喜欢她撑着油纸伞走过江南悠长寂寥的雨巷

喜欢用敏感的心灵和笔尖

捕捉生活中稍纵即逝的灵光

喜欢眼神交换感受的瞬间

如果没有语言就读懂彼此

秋风摇曳的又岂是落叶萧萧的无奈

那分明是心旌久久不愿散去的荡漾

如何才能不想你

分别的日子一天天叠加
思念的情思一丝丝堆积
牵挂的蛛网已布满心房
回忆的温暖润滑着眼眶
望不见熟悉的身影
盼不到重逢的时分
每天从晨起到日暮
只有飞越空间的诉说
才能抚慰寂寞的心灵

秋雨打湿了残荷的枝丫
秋风催生了枫叶的嫣红
拂去纷繁日子的尘埃
告诉我
如何才能不想你
告诉我
不去想你又如何

心底最柔软的河床
滋生疯长的相思
园丁如何去修剪
剪不去长高的渴望
那是沙漠对绿洲的呼唤
那是秋雁对春天的爱恋

反反复复地问秋月
如何才能不想你
她悄悄躲进了云层
喋喋不休地问星辰
不去想你又如何
她神秘地眨眨眼睛

秋夜凉风轻轻拨弄长长的发
裙裾飘飘
飘飘裙裾
没有人能猜测
目光追寻的远方是苍茫
没有人能看见
心要流浪的地方是悲凉
告诉我如何才能不想你
告诉我不去想你会如何

西塘印象

——记生活着的千年古镇

弯弯的石桥

陡峭的台阶

静静地卧在长长的小河上

百年的风霜让她越发风姿绰约

沐着和煦的春风

述说悠悠的往事

任来来往往看风景的人们从容而过

在它的身上留下又一道风景

青瓦白墙的明清古屋

伫立在小河两岸

狭长的廊桥

民间艺人操持着绝活

在婀娜垂柳的掩映下

恬静而有序

时而有粗布唐装的游人姗姗而过

犹如迎面吹来的蛊惑风

当夕阳悄悄地把柔光笼罩了古镇

凭栏斜倚廊桥

西塘的河流

过滤了世俗的混浊

洗净了岁月的铅华

那么静,那么清

一如一首古老的歌谣

和着千年不变的旋律

红艳艳的灯笼散发着迷离的光

两岸悠闲惬意的行人

留下长而斜的身影

眼前窄窄的乌篷船

缓缓地在静静流淌的小河中行驶

摇橹的吱嘎声

是西塘独有的小夜曲

漫步于夜色朦胧的青石板小路

古镇静得出奇

软底鞋发出轻轻的"嚓嚓"声

高墙上的马灯

昏黄的光线

休憩的三轮人力车

悠长悠长的小巷

天空下起了淅淅沥沥的小雨

我忽然有了一种渴望

渴望碰到戴望舒笔下

撑着油纸伞结着丁香一样愁怨的姑娘

和我结伴悄然走过江南的雨巷

红木的雕花大床

物是人非

躺在上面的我

却一直在想

很久很久以前

它的主人会是怎样的优雅

有着怎样悠然的生活

恍惚间

我仿佛蹚过历史长河

随风飘到千百年前

啊,时间在这里凝固了

岁月在这里停下匆匆的步履

留恋驻足久久不前

为纷纷扰扰的人间

送上一份稀世的净土

我终于要离去了

回到红尘滚滚的都市了

长长的思念将永驻心间

但是我会回来

那淡淡的蒸豆香味仍旧在空气中飘荡

陪我在长发飞舞的暮春季节里

那诱人的棕香仍旧在齿间弥留

伴我在这生活着的千年古镇里

深切的怀念陪伴我在青砖路上游走

终有一天,忽然明白一切不过是多年以后悠然的记忆

终有一天,忽然明白你与我不过是萍水相逢

那久久不散的古老的味道

让我忘记了世间的纷繁

城市的喧嚣

是否陶公笔下的桃花源
就这样和幸运的人儿
相遇相知了呢
用心去追逐遥远的梦想吧
走过历史的天空
生命才会更加澄澈透明
那久久不散的古老的味道啊
那古老的艳啊
沉醉在她温情的臂弯
我不愿醒来
我不想醒来

2006 年春

一家人

——"5·12"汶川地震

你们走了
走得那么匆忙
来不及回眸生活的那片土地
走得那么依恋
因为没有给亲人留下一句话语
我们知道那一刻你们带着深深的痛楚
我们知道那一刻你们心中有万般的不舍

在通往天堂的路上
你们并不孤单
母亲抱着孩子
老师牵着学生
伙伴拉着伙伴
年轻的扶着年迈的

你们是一群先行者
在天堂早早地等候
在那儿
没有了忧伤
也没有苦痛
快乐平安将你围绕

我们是一家人

在人间坚强地守候

在这断壁残垣的家园

有你们永远熟悉的身影

有我们众志成城的重建

请相信你们未实现的夙愿

我们能在风雨飘摇的路上

——实现

中华民族千年压不跨的脊梁

依然勇敢地面对

炎黄子孙世代传承的精神

依然在腥风血雨中闪耀着

真爱的光辉

有多大的苦难考验我们

我们就有多大的勇气去战胜

有多深的创伤刺痛我们

我们就有多深的情感去抚平

请相信黎明之前的黑暗

其实非常短暂

请相信风雨之后的彩虹

将分外绚烂

2008 年 5 月 9 日

北戴河的蝉

八月盛夏

北戴河红瓦绿树

碧海金沙

游人如织

蝉,隐形在一片片

茂盛的丛林中

敞开嘹亮的歌喉

开始了此起彼伏的合唱

从清晨到深夜

从深夜到清晨

不眠不休执着勤勉

初闻此声不眠烦躁

再闻几日

心生敬畏

那原本聒噪的歌声

演变成生活中不可或缺的背景音乐

伴随着海风,糅合着阳光

让夏天的味道酣畅淋漓

这夏虫知道这是它最美的年华

让短暂的生命灿烂地绽放

为了这一刻,它在黑暗的地底下蛰伏了多少个日夜

那黑暗的煎熬,只为有朝一日破茧成蝶

飞向他日夜渴望的枝头

当秋风萧瑟

便是它谢幕消逝之时
这夏日的经典赞歌
歌颂的是孜孜以求的执着
抑或是无处安放的灵魂
听着、听着
心便清凉了
唱着、唱着
情便释然了
走着走着
路便宽阔了
如果你爱北戴河的旖旎风光
那请爱北戴河的蝉鸣吧
它们倾诉的是响彻云霄的离歌
它们撩动的是怦然律动的心弦

2015 年 8 月 7 日

生活片段

清早
沏一壶红茶
燃一支香薰
让醇香像炊烟缭绕弥漫……
笔落花繁
身
便飞向那一望无际的绿野山川
心
也融进三月的春光一片
缓缓地
暖暖的……

2022年春

致银杏

你从亿万年前的远古翩跹而来，
泛着灼灼的金黄，
展开盈盈的舞裙，
飘飞在初冬高远的天空，
清晰的叶脉书写冰川季生死存亡的前世今生。
看，那把把金扇，
扇动着似水的流年，
亘古的年轮镌刻着活化石的无限静美，
旋转出深秋金色的句点，
然后在广袤的大地中沉沉地睡去。
你历尽苦难沧桑，
穿越地质至暗，
终于出现在我眼前，
绚烂着阳光的明媚，
吟唱着上古的歌谣。
行色匆匆的人们，
驻足在这迷人的金色幻境里，
心田的荒芜、寂寞、伤痛，
似乎在这深秋最后叶雨的治愈中，
润泽，苏醒，复活，雀跃……

2020 年秋

色彩的盛宴——赏莫奈特展

从城市拥挤的人群中
从上海灰暗的天空下
在匆匆步履里寻觅着
一片静谧的庭院
一隅色彩的拐角
一支斑斓的神笔
和一双残病的双眼
幻化成绚烂的自然

鸢尾花摇曳的蓝紫
糅合着忧伤的浪漫
黄昏海面点点金波
是归帆流连的目光
孤单的心向往着家
温暖的吉维尼花园
那一池睡莲静等花开
在湿润的空气里舒展
轻轻艳艳低低的浅笑
或怒放或含苞或初绽
凝固了空气中清新的呼吸
缤纷了池水里色彩的柔波
恬静 悠远 雅致 倾城

天使遗失了调色的盘

在法兰西的小镇

你用它描绘出绝美世界

这是梦幻中的真实

也是真实中的梦幻

穿越时空重重阻隔

千山万水漂洋过海

在东方古老的国度

对话黑头发黄皮肤

追随着你从诺曼底

到布列塔尼克勒兹

最后归宿在吉维尼

流动的脚步见证

光影诗篇的诞生

风干着一生悲喜

截取着尘世安宁

过滤着灵魂雾霾

莲

一如百年前娇美模样

在神秘的**紫色雾霭**中

灼灼地低吟浅唱

多么丰富的紫沉淀着阳光的彩

多么奇妙的彩映衬着心底的灰

空气和光线的色彩

交织着舞动着

定格成无与伦比的永恒

日本桥四季变换的浓绿
是你不安的遗憾和焦虑
牵引着无数寻梦的步履
诉说无尽的思念
摇落一地的哀思
一如最初的印象
浪漫写意唯美朦胧
一路寻觅执着
艰难坎坷灿烂辉煌
那无限迷人的色彩
是属于你的绝美天空
这个初夏因此而别样风雅
这个傍晚因此而心花萌动
这个时刻因此而弥足珍贵

2014 年 6 月 14 日

一棵开花的白玉兰树

春风和煦的三月
柳芽刚刚探出嫩嫩绿绿的头
迎春花还在孕育着金色的苞
你已如约在温暖的阳光里
悄没声地绽放

高高地孤独地站在枝头
即使没有绿叶的陪伴
依然仰着纯洁的笑脸
向着蓝天宣告着属于你的花季时光

那无瑕的花朵儿啊
闪着白玉的温润,飘着兰花的气韵
不染尘世的纯真
卓尔不群的风华
正是她海纳百川的胸襟

那犹如佛手的身姿啊
包容着对世界的感恩和温柔
简约单纯的内心
用素颜书写着生命的诗篇

在每一个百花争春的时节
用寂寞沉淀着一池春水

和春天留下一段真诚的对白
没有娇艳动人的彩妆
素净中却揉进了些许清冷
温柔里也透析出一种坚韧

2022 年 3 月 11 日

"缘"来牵手

——致俞亚勤老师

时间的指针拨回到二十多年前
那时的你我年轻又茫然
新基础的红皮书一读再读到夜半
共同体的探讨和磨研
带我走进你语味十足的课堂
师生互动琅琅书声
求异抓彩智慧的火花飞溅
从此你成为明强的名片
新基础母语教学的标杆
那座无虚席底楼的空间
我静静聆听无声地思辨

乘着时间的帆船
多年以后的一天
我悄然辗转
来到明强的校园
在我的课堂
你拿着笔记本出现
眼神穿越时空相见
你笑颜微微目光亲切
我流畅自然激情满满
《攀登世界第一高峰》似一条无形的线
让我们就一节家常课展开研谈

课间交流的时间如此短暂
那些指点促我反思和改变

疫情开始后的那一年
你我背靠背坐在了同一个房间
两年的光阴在线下云端切换得魔幻
你在教学上深入读研
你在工作中提携后辈
你在教海里诲人不倦
只有经历过的人才有体验
细语甜甜笑眼弯弯
即使世间有春风十里
也不如这里一直有你
人人都默默感念
与你走过时光一段
彼此默契相扶相伴
点拨启发把心中的迷雾驱散
勤勉与敬业感染着周围一片

人生一站又一站
下一站
我们在夕阳里许个愿
看那，烟火里叶茂枝繁
美丽晚霞将铺满西天
星河闪耀光辉也灿烂
不久我们就要说再见
某年某月的某一天

在某个转角的小站
或许我们能再遇见
再将美好故事绵延
那时的你我
依然
细语绵甜
笑眼弯弯
聊着关心与惦念
传递温暖和浪漫
……

2023 年 1 月 23 日

我和我的室友们

2017年8月我兜兜转转终于以一名资深老教师的身份成了一位新明强人,明强美丽的校园,五星的洗手间,标准的400米跑道,花园般的办公环境……一切都是那样令人满意和心仪,我也怀着激动而忐忑的心情来到了位于3楼的3年级语文课办公室,办公室有6位小伙伴,在和她们的相处过程中,我不断地被她们身上明强人特有的精神和品质深深地感染着影响着,不久便完全融入了这个新的集体,产生了强烈的归属感。

性格文静的小叶妹妹是我崇明师范的小师妹,她和我背靠背,初来乍到什么事情我都问她,她总是微笑着向我详细作答,而且还主动告诉我明强的一些工作常规和惯例,提供给我各种记录的样本……她细心和热情的帮助是明强人对新人最朴素、最贴心的接纳和温暖。

活泼上进的孙芳妹妹是我们这6人组中唯一的80后,做什么她总是冲在最前面,工效率极高,动作极快,身上总有一股子用不完的劲儿,每当遇着网络上的小难题,她总有办法教会我这个信息技术的菜鸟。每天给我们这些70后的姐姐青春的力量,工作闲暇之际,她总是自己配节奏,做着健身操,让我们情不自禁地身心荡漾起来……

语文教学颇有造诣的珊君妹妹是我们3年级的语文教研组长,她对教学的专研和解读总是能够在专业上不断地深入,引领着我们去挖掘教材的内涵,提升教学的效率,她温文尔雅的性格,让我觉得不论什么时候跟她推敲遣词造句上的小学问都是适宜的,都是有极大收获的。

办公室里有2个姐姐,一个叫永美,意寓着她永远美丽,她从毕业到现在一共在明强工作了30年,说起明强小学她的言语间总是洋溢着骄傲和深爱,而她的言行也对这个名字做了最好的诠释。记得我刚进入明强的第2个月,说起到七宝老街好好逛一逛,她便自告奋勇说:"我是土生土长的七宝本地人,我来陪你吧!"一下班,我们俩像老朋友一样结伴来到闻名遐迩的老街,一路走一路看,她也如数家珍般地介绍着哪家店的羊肉正宗,哪个店的汤圆料足,哪个老板诚信店家开的时间最久……"我很想吃海棠糕,那独特的滋味一直让我难以忘怀……""来来,塘桥旁边的那家海棠糕店味道最好馅料最实在,已经很多年了,我们七宝人都到那里买,我带你去吧!"来到桥边的小店,店主老大姐果然热情,10个热气腾腾的海棠糕装盒入袋,永美姐姐却抢先付了钱,"这怎么行?你又陪玩还赔钱呀!""哪的话,凡是我陪的新老朋友逛七宝老街,买小吃都我请客,别客气哦!"她弯弯的笑眼,柔柔的话语,在迷人的老街夜色中显得那样温暖那样亲切……我想"友善"2字不正是老明强人真实的精神写照吗?

办公室的另一个是霞萍姐姐,她最让我佩服的是,作为明强的资深老师,她却一心投身到电子书包这个需要很强信息技术支持的项目中,不吃老本、不断进取、锲而不舍,真实践真研究,每天从清晨到深夜她常常都在制作课件、设计教案、撰写随笔中度过,她已经把电子书包教学研究工作当作自己的事业并享受着其中的酸甜苦辣。我耳闻目睹,看她指导徒弟们上电子书包的研讨课,手把手教会她们精心完成每一个教学环节,制作每一张PPT,如何把网络上的信息资源为己所用提高课堂教学效率。每当她眼睛干燥发痛,她就用眼药水缓解疼痛,我见了便说:"姐姐,年纪上去了,不要这么拼啊,身体要紧啊!""我也知道啊,雷老师,但是教学上的难题我得去研究去克服,因为我觉得做这件事情对学生的学习真的是有很大帮助的……"作为区级的电子书包学科带头人她努力攀登的形象深深触动着我。是啊,无论你处于什么年龄阶段,原有的教学经验多么丰富,只有不断钻研学习,不断更新知识,才能给你的学生新课堂,才能始终不被教育改革的洪流所淘汰,这也许是明强人对"敬业"的最好践行。不知不觉我也主动参与到各种新知识的学习中,鞭策着自己努力再努力,因为榜样就在自己的身边,因为有这样一群明强人在引领着像我这样的新明强人前行。

  加入明强这个温暖的大家庭以来,我无时无刻不感受到明强人身上特有的精神特质,享受着明强校园独有的文化滋养,"心在哪里智慧就在哪里",我也慢慢蜕变成一个真正的明强人,在明强超越百年风云的教海中,我和我的伙伴们携手乘风破浪、勇往直前耕耘在属于明强的教育新天地上,百年明强也必将焕发她的百年青春!

2020 年 10 月 25 日

第三篇章　半生是序言·余生为歌谣

导读：

　　夏雨冬雪、春花秋月，走过四季变幻行至知命之年。去过的地方，遇见的人，经历的世事，都丰富并充盈着生命的旅程。前半生皆为序言，愿余生如行板歌谣，坐看云卷云舒，沐浴晚霞满天。

1　花开的美好

2　你

3　致绽放在清晨的一朵草球花

4　那条叫竹港的河……

5　你我一起走过

6　赏梅——游莘庄公园有感

7　时光遗忘的地方——探寻彭渡荷巷桥 & 金氏宗祠

8　遇见你——汪国真老师莅临学校有感

9　这片土地……

10　我们

11　杏坛情缘

12　春之困

13　偶得

14　行走中的语丝

15　鸢尾花

16　家

17　归来仍少年

18　今天是你的生日

19　春天的守"沪"

20　再见,六号牙齿

21　"不死鸟"的启示

22　这一年

23　这个春天不是我的

24　母爱

25　怀念我的母亲

花开的美好

二〇年的那个假期
从严冬走到绿荫暮春
阴霾笼罩
病魔侵袭
千万展示逆风前行
是你无所畏惧
披上白色战衣
用爱驰援
用心来温暖
迎来花开的美好
寒夜里驱走梦魇
蓝天下迎来花开美好
无畏前行
驱走病魔
张开双臂
迎来花开的美好
屏幕前,又见您亲切脸庞
脑海中,是你童颜欢笑
云端相见
传递智慧
云开雾散
牵手花开的美好
又重返美丽的校园
琅琅书声国旗飘扬

亲爱的伙伴

敬爱的老师

让我们一起

手牵着手

迎来花开的美好

(注：此诗歌谱写成歌曲拍摄成音乐电视传唱，获得第八届上海市中小学校园歌曲影视节目展评一等奖)

花 开 的 美 好

词 雷秀春
曲 苏 能

1=A 4/4 ♩=80

| 0 1 2 3 6 5　3 | 2 1　1　－　－ | 0 1 2 3 6 5　3 | 2 1 3 2 2　－ |
　２０年的那个　假期　　　　　　　从 严冬走到 绿 荫 暮春

| 0 2 3 4 6·5 5 | 0 3 5· 3 1 6 6 | 0 2 3 6 5 3 2·6 | 2 1　1　－ |
　阴霾 笼 罩　病魔 侵袭　　　　千万　战士逆 风　前行

| 0 1 2 3 6 5　3 | 2 1　1　－　－ | 0 1 2 3 6 5　1 | 2 1 3 2 2　－ |
　是 你 无所　畏惧　　　　　　　披上　白色 的　战 衣

| 0 2 3 4 6 5 5 | 0 3 4 5 7 6　6 | 0 2 3 6 5 3 2·6 | 2 1　0 3 4 5 |
　用爱 驰援　　用心来 温暖　　　迎来 花开 的 美好　　　寒夜

| 6　－　0 1 7 6 | 7 5 3 5　5 6 | 7　－　0 3 3 2 | 2 1 7 1 0　1 2 |
　里　　驱走 梦魇　蓝天 下　　　迎来 花开美好　　无畏

| 3 2 2　0 5 1 2 | 3 4 3 2　1 2 | 3 2 2　0 6 1 2 | 3· 2 2　－ |
　前行　驱走 梦魇　张开 双臂　　迎来 花　开
　　　　　　　　　　　　　(间奏)

| 2　0 5 2 1　1　－ | 0　0　0 3 4 5 | 6　－　0 1 7 6 |
　的美 好　　　　　　　　　(生)屏幕 前　　又 见您

| 7 5 3 5　3 5 | 6　－　0 5 1 2 | 4 3 2 3 0　1 2 | 3 2 2　0 5 1 2 |
　亲切 脸庞 (师)脑海中　　　是 你 童颜 欢笑 (生)云端 相见 (师)传递

| 3 4 3　－　1 2 | 3 2 2　0 6 1 2 | 3· 2 2　－ | 1=C 1　－　2　－ |
　智　慧 (师合)云开 雾散　牵手 花 开　的 美

| 2　－　－　2　－ | 0 1 2 3 6 5　3 | 2　1　－ |
　好　　　　　　　(生)又 重返美丽 的 校 园

| 0 1 2 3 6 5　3 | 2 1 3 2 2　－ | 0 2 3 4 6 5　5 | 0 3 4 5 7 6　6 |
　琅琅书 声国 旗 飘 扬　　　　　亲爱 的 伙伴　　敬爱的 老师

| 0 2 3 6 5 3 2·6 | 2 1　1　－ | 0 2 3 6 5 3 2·6 | 2 1　1　－ ‖
　让我们 一起 手 牵 着手　　　(师生合)迎来 花开 的 美 好

你

你说自己是块平凡的石头
没有钻石的炫目光彩
没有翠玉的温润色泽
我说你是块独特的石头
有着钻石没有的质朴
有着翠玉没有的坚韧

当质朴形成一种品格
当坚韧变成一种精神
你深深的酒窝里
便盛满了成事成人的信念
便洋溢着教育理想的执着
荡漾着对教育未来的期许
更闪耀着教育人生的微光

你以一往无前的勇气
以创新开放的思维
践行着对未来的追求
你以脚踏实地的行动
以仰望星空的高度
引领着一群乐于奉献的人
实现着教育的理想
描画着梦想的线条
创造着每一个太阳升起的清晨

孕育着每一个日落黄昏的满月

不去想石头价值几何
只去想它真切的存在
存在是对世界平实的表达
你说你是一颗小小的石头
我说你是来自星星的陨石
你说你没有翠玉的色彩
我说你是五彩的雨花石
投射出令人沉醉的图案

那是青山松柏的剪影
那是春风雪花的姿态

2016 年 3 月 2 日

致绽放在清晨的一朵草球花

你用花开迎接清晨
我用勤奋拥抱夏雨
你在寂寞和平凡中
孕育着芳华和纯洁
我在奔波和忙碌里
谱写着劳动的九歌

我知道啊
当夕阳的余晖散去
你将闭上澄澈的眼睛
将再见变成想念
我知道
你将在漫长的黎明和午夜中
孤寂又沉默地等待
等待积蓄下一季绽放的能量

黄沙吹不去你的记忆
而我
也将铭记
你短暂的怒放的生命
留给我永恒的初夏回忆
和着那朦胧雨雾的迷离
伴着清晰又醉人的美丽……

2020年5月26日

那条叫竹港的河……

站在开满鲜花的阳台上
往下望去就是
那条叫竹港的河
她默默无声地流淌
似有似无地存在于那片小小的旷野上
两岸一天天喧嚣
她不明白
身边绿油油的田野哪去了
河里蹦跳的鱼儿哪去了
曾经洗衣的农妇又哪去了

大前年几只栖息在岸边的鹭鸶
怎么就不辞而别了呢
记得
去年秋天的一个早上还回来看过她
但孩子们的叫嚷声把它们吓跑了
从此它们就再也没有回来过
现在她的身旁是一群群陌生的人
她不认识他们
他们甚至也不知道她的名字
过去的故事已经老去
新的故事才刚刚书写
这条叫竹港的河
莫名就点燃了我心底的惆怅

我的脚步是这条河

流，没流过都一样

走，没走过也一样

在乎的不会忘记

忘记的不会在乎

反正她已留在某些人的记忆里

反正她已渗进分分寸寸的淤泥里

2014 年夏

你我一起走过

烈日炎炎的夏日
你我共赴没有预约的约定
来到这片古老的土地
五千年深厚的文化
孕育着崭新的希望——马桥实验小学
依然清晰地记得
开学典礼上你我生动的自我介绍
向孩子们述说着自己学科的魅力
家长开放日中直观活泼的课堂教学
向家长们展示着我们专业的素养
入队仪式上丰富多彩的演绎
向社区亮出马桥实小的簇新的名片
迎新活动中分层递进的全员参与
体现出我们办学的理念和学生立场
从马小豆名称的诞生到它形象的征集
再到马小豆服务社的创想
我们一起画出了一条条思维的弧线
一路走来
你我曾经信心满怀
你我曾经憧憬无限
一路走来
你我曾经彷徨沮丧
你我曾经忙碌迷惘
可是

纵然一路荆棘

纵然一路坎坷

你我不曾动摇心中的信念

你我每一个都不强大

可是当我们像蚁族心手相连

便聚成一个传递正能量的团队

虽然你我来自四面八方

但是朝同一个方向迈进

窗外，已然到了雪花飘零的冬季

美丽的花朵啊

悄然落到了脚下的土地

融入了这方古老的沃土

了无痕迹

我们的汗水啊

洒在校园的每个角落

滋润了孩子们的心田

无声无息

你我站在这崭新的原点

眺望遥远的未来

你我站在这古老的原点

回望过往沧桑的历史

肩头负担着沉沉的嘱托

热爱足下的一方土地

热爱头上的一片蓝天

让你我把爱的种子播撒

让你我把智慧的萌芽呵护

让你我把马桥实小的地基夯实
你我将经历同样的煅烧
你我将沐浴别样的春风
携手开创教育的新天地
踏上你我生命的新征途

2012 年冬

赏 梅

——游莘庄公园有感

冬日的暖阳
懒懒地散播缕缕微光
旧时杨家花园的梅
纷纷展开春天的容颜
或粉粉的红,或灿灿的金
或淡淡的绿,还有银色的白
疏密错落地驻守枝头

蔓延的缤纷已然让人们
看到春天的身影翩跹
几只赶早的蜂儿
卖力地吮吸着花蜜
相机咔嚓的声音
记录着春来的瞬间

赏的是梅
品的是香
还有对新春
几许的憧憬
焦灼的期待

梅,还是去年的那一株
人,却不是去年的那一个

年年岁岁的梅开了又谢

岁岁年年的人走了又来

春风吹皱了池中的一汪清水

也催生了鬓角的白发

繁华点缀着枯枝

斜斜地拉长了夕阳的影子

惆怅了离人的肝肠

也摇曳了黄昏中的那抹春色

孕育的芽苞转眼将会

衰老了枝头娇媚的花

欣喜的眼神也渐渐

黯淡了梅枝的光华

生命轮回的一季啊

即将落下厚重的帷幕

世间万物静静地守候

心田里真正春暖花开

2007 年冬

时光遗忘的地方

——探寻彭渡荷巷桥&金氏宗祠

春天

午后的阳光

暖暖懒散地洒落

遇见

百年前的老街

坐落偏远的一隅

月半弯的小路

街上

三三两两的农人

曾经

荷叶田田的小巷

路边

几簇灿烂的春花

老屋

古朴的江南院落

老妇寂寞的目光

审视

闯入的外乡人

金氏宗祠

静静地坐落在溪畔

曾经

粉墙黛瓦的名士院落

如今

斑斑驳驳沧桑老去
仿佛
街口的老妇
纵横交错的皱纹里
写满了
风霜雨雪的侵蚀
记录着
满月荷田的故事
外院内屋的格局
一如
百年前的模样
依稀
有往日容颜的清丽
屋里
来去匆忙的人们
无暇
聆听远去的絮语繁花
屋顶
手作的雕梁画栋
默默
沉淀着岁月的鎏金

外面的世界
天天在改变
不变的是
荷巷桥老街的伫立
伫立

是证明一种不屈的存在
还是
岁月不愿擦去的记忆
不变
是金氏宗祠的守望
守望
是一去不返的主人
还是
恍若隔世的承诺

2014 年春

遇见你

——汪国真老师莅临学校有感

春天的午后
你如约而至
带着仆仆的风尘
怀着淳淳的童心
窗外的春雨绵绵
心田的阳光灿烂
你的微笑点燃了希望的火花
你的诗行滋养了年轻的心灵

你是青春的记忆
你是时代的年轮
穿越时空的隔膜
依稀望见
那些纯真年代的青涩
依稀听见
那些虔诚祈祷的独白
你闪亮的诗句浸润着初醒的青春
你真挚的情感渲染着驿动的情怀
走过蒙蒙的雨季
走过忧伤的花季
来到丰盈的秋天
细数晶莹的汗珠

如水的时光逝去
依然热爱着生命
依然封存着感谢
依然携带着微笑
走向未知的生活
遇见是春天里
一树盛开的樱花
目送天空写满的诗句
挥别夕阳散尽的余晖
来去匆匆的身影
播种睡莲的种子
种子悄悄地萌芽
萌芽的那抹绿色
唤醒了深思的你
你是青春的幽梦
梦是追寻的脚步

2014 年春

这片土地……

三千五百年以前
你是片海堤村庄
羚羊在这里跳跃
灌木在这里生长
先民们
在这里捕猎生息
人类与自然相依
谱写着
关于草根的文化

三千五百年以后
你以簇新的容颜
等待耕耘的人们
清新的空气里
弥漫着来自千年前
历史泛黄的气息
气息里
有青草的芳香
还有醉人的书香

校园里
有一群勤勉的人
他们用青春和激情
续写你不息的乐章

每一滴汗水
践行着对使命的感悟
每一天劳作
编织着对未来的梦想
每一个梦想
记录着对理想的追逐
心中深深爱恋的
不仅是你过往远去的背影
还有你正在改变着的现在
以及你
充满着希望的未来

2015 年夏

我 们

只是在校园拐角的楼梯口
多看了你一眼
多问了一句话
"你,是教英语的?"
"不,我教语文……"
你留给我一个微笑
我注视你离去的背影
娉娉婷婷的背影
消失在走廊的尽头

等我
在古镇的一角
找你
从许多的别处
到唯一的此处
春天的时候没有缘分
秋天的云淡看见了彼此

于是校园里多了一种关注
于是餐桌上加了一份交流
什么在靠近
什么在吸引
那是磁场的力量
一种看见

看见另一个自己
我们讶异
竟然有那么多相同
竟然有那么多话语
你说我们要远行
只有两个人的旅行
我犹豫思量
这是从来没有的尝试
你兴致盎然
这是崭新的旅途
——甬城之行

短暂的美好
默默的陪伴
你我谁也不会想到
这竟然成了
疫情前期的最后一次远行
四百年天一阁的阅读
慈溪蒋氏故里的寻访
民国院里清冷晨光的怀旧
老外滩三江口的徘徊流连
月湖水夕阳映照下漫步
我们重新认识了彼此

这个悠长而煎熬的假期啊
我们一次次的相约相伴
冲淡了内心的恐惧

驱逐了无边的寂寞
这个春天里的冬天
在心里在眼里
依然活色生香
依然温暖芬芳

回忆总是那么美丽
陪伴总是那么惬意
未来不知道有多长
道路不知道有多远
但是有了你的未知
日子便多了几款明亮的色彩
明天便有了几许新鲜的期待
我们挽起彼此的臂弯吧
让我们一起走吧
微笑着走在夕阳的霞光里
即使没琴声和缠绵
那也是浪漫无边
能够认识你
真的很好
彼此走进对方的心灵广场

2020年5月11日

杏坛情缘

那是百年桂树暗香浮动的九月
我们牵手在明强美丽的校园里
结下师徒同生共长的新缘分
走向为师为徒的教育新生活

从此
导师们的课堂里多了年轻的我们
温馨的教室琅琅的书声
和谐的氛围生动的讲解
清晰的环节巧设的细节
都是我们过目难忘的画面
都是我们向往达到的境界
从线下面对面手把手指点
到线上隔屏不隔心的探讨
改变的是交流形式
不变的是您细致入微的关怀
就这样
我们在导师的精彩示范中尽情地学习
就这样
我们在导师的精心引导下刻苦地实践

从此
小老师的课堂里多了资深的我们

观察温馨教室的建设
倾听教学环节的落实
查阅作业批改的不足
询问家班合作的困惑
指导教案设计的环节
我们在带教的过程中深入研究
我们在青涩的生命里播撒火种

记得三月新冠病毒在申城蔓延
那空空荡荡的街道
那足不出户的坚守
当这个艰难的春天成为现实的画面
您用一首《春天的守"沪"》
让我领悟
最适时的教育就是当下的生活
最有效的教育就是身边的人事
云端班会课智慧的传递
我和孩子们情感的交流
在声音里凝聚起力量
在诗句中表达着感动
待疫散城安,我们终会相见
您的智慧教导与温暖鼓励
让消失的春天在心底重现

记得秋日的清晨
您走进我的课堂
听我讲《秋天》的故事

那是我第一次讲授课文
是您的笑容消融了我的慌张
您一笔一画地标记
你一字一句地分析
课堂上的每一个细节
都装进您微笑的眼睛里
您给予我的每一次提点
就像那时的阳光
驻留在我年轻的心房
暖暖的,久久的……

记得冬日的午后
我初次站在录播教室里
给孩子们讲《影子》的故事
课前一字一句打磨教案、调整仪态
课上欣赏鼓励的眼神,
课后细致诚恳的点评
都是我成长的养分
仿佛冬日里那燃烧的炭火
照亮我前行的路途
赋予我求索的勇气

记得春天的线上比赛
是您帮我梳理文案
是您帮我讲明难点
是您陪我反复试教,
是您和我研磨到深夜

是您让我取得了突破
是您让我遇见教学最初的生动与美丽……

这是我们的幸运和幸福
因为你们
我们才走进了教师生涯的第一扇大门
那些云端直播的紧张无措
那时汇报比赛的反复研磨
那次云上家班共建的妙招……
许许多多的第一次
是你们牵着我们的手
让我们体会诲人不倦
让我们懂得学而不厌

你看
穿越了春风秋雨的转换
经历过线下云上的磨炼
教学新苗初长成
小荷已露尖尖角
讲台因你而年轻
童年因你而精彩

现在是夏荷初绽的六月
我们挥手在云端说再见
这不是真正的分别
而是下一个重逢的开始
为了那个美好的约定——

让我们把杏坛的春晖洒满每一间教室
让我们携手共进守护那颗教育的初心

2022 年 6 月 23 日深夜

春之困

春来了，
花开了，
蜂忙着，
人困着，
疫未散，
风已暖，
心向阳，
志也坚，
没有等不来的春天，
没有散不去的疫情……

2022 年 3 月 26 日

偶 得

初冬的午后，
这座城的这条街，
它用繁华中的幽静，
留住了或许是，
秋天最后的一抹银杏黄，
和最后的一树枫叶红。
冬阳下那样温暖，
又那样耀眼，
这难道不是自然四季中，
最美的生命色彩吗？
它极尽璀璨且向死而生。
它无言地纷飞着飘零着……
仿佛在启示着，
无数行色匆匆的都市人，
笑对当下生活的磨难，
以及人生的历练，
不管明天是苦涩还是清甜，
不论未来是坎坷还是平坦，
既然你选择了远方，
前行便面对着冷雨凄风……
留给这个世界的，

是你无畏的背影，
孤独且坚定，
渐行又渐远……

2021 年 12 月

行走中的语丝

路过一堵墙，

妙不可言，

谓之独秀墙，

密密匝匝地铺满了爬山虎。

枝枝蔓蔓，

层层叠叠，

挨挨挤挤，

那叶色彩斑斓，

美如春花，

那藤条条垂悬，

坚韧柔顺，

经历了寒霜的洗礼愈加迷人耀眼。

寒风中的它，

用明艳艳的生命

展示这一季的流逝，

预言着下一季的归来……

2021 年 11 月

鸢尾花

梦想的云朵飞进现实的泥尘，
凝视春天的花开，
抽离烟火的琐碎，
洗涤灵魂的浊音。
美好，
静静地在春风中飘荡，
生命，
缓缓地在春雨里生长……

2020年5月

家

家是什么？
是晚归的一盏灯，
是困境的一片天，
是严冬的一炉火，
是饥渴的一餐饭，
是沙漠的一点绿，
是黑暗的一缕光……
也是，
悲伤中的一个慰藉，
绝望时的一线希望。
她是永远为你敞开的港湾，
时刻迎接一身疲惫的你。

归来仍少年

不是因为格外另类
不是因为历经沧桑
而是因为看得明白拿得起
想得透彻放得下
潇洒自在
活力满满
归来仍是少年风采

今天是你的生日

五十年前的今天，
像许许多多的日子一样，
平淡而平静，
你降临人世，
因为你今天便成为，
一个美丽优雅的日子。
我们都不知道，
多年以后这个日子被定义成我爱你，
但从那天开始，
世界多了一种色彩，
你不知道的是，
我也在这个春天的阳光里，
穿越万水千山，
等待又等待，
终于有一天
你笑靥如花地走向我。
不早不晚，
不急不缓，
正好是一个秋风飒飒的午后。

亲爱的，
今天是你的生日，
在我深深的祝福里，
愿所有的美好都如期而至。

在不远不近的时光里，
在不深不浅的夕阳里，
你我谈笑风生，
长裙飘飞醉了晚霞，

愿所有的回忆都醇香无比，
前面如画，
往后是诗。
半生为序言，
余生是歌谣。

2022 年 5 月 18 日

春天的守"沪"

这是一个艰难的春天
南北高架上的车流慢慢停息
南京东路上的人流熙攘不再
浦江水还在静静地流淌
两岸的桥默默地守候
两岸的人遥遥地相望

白玉兰还在幽幽地飘香
人民广场上已空空荡荡
树木的新芽依然生长
这里却不见了人来人往

什么时候这座海上之城不见了繁华和喧嚣
什么时候这座梦想魔都不见了霓虹的闪耀
三千多万人守护在这里，祈祷春来花开
三千多万人坚守在这里，期待疫散城安

这是一个温暖的春天
樱花早已展开她无忧的笑颜
玉兰虔诚地捧出她洁白的杯盏
敞开她海纳百川的胸怀
再次拥抱这世界的宽广美好

多少个大白忙碌在朝霞升起的雾霭中

多少个战士战斗到灯火阑珊的午夜里

汗水湿透了他们的衣衫

疲惫装满了他们的身影

他们却无怨无悔

把爱的守护留在这个无比艰难的春天里

把守沪的爱洒满这座城市的街道弄堂里

把守沪的信念镌刻在千千万万上海人的心坎儿里

这是一个温暖的春天

这是一个守沪的春天

没有一个春天如此安静

没有一个春天如此坚定

我们众志成城足不出户

我们彼此扶持向阳而生

千千万万个你、我汇成一个我们

托起一个浴火重生的海上之城

把咫尺天涯的隔离用爱的勇气和力量

书写一个崭新的上海故事

让我们铭记这个非凡春天里

所有的艰难守"沪"

让我们珍藏这个温暖春天里

所有守"沪"的驰援互助

听

春风已经温柔地吹过江畔柳梢

看

春阳正光芒万丈照耀着城市的大街小巷

那时
我们将再次相遇相聚
那时
生煎的香气将再次飘起
那时
我们的家园已重启美丽

春光灿烂
花好梦甜……

2022年3月29日初稿,4月30日定稿

再见，六号牙齿

这是一百四十多年来上海最热的夏天，
在一个七月流火的日子，
在一个有故事的民国老房子里，
在一位健壮的男医生手术刀下，
排序六号的磨牙永远离开了我的牙床。
四十多年的陪伴，
四十多年的磨炼
有朝一日从根部崩裂，
落入拔除的刑罚。

牙片里的牙根长得又深又牢，
"这是最难拔出那颗，
你别怕我需要点时间，痛就举手……"
麻醉剂麻木了整个口腔，
只感觉钢铁的牙锤、骨凿、镊子轮番上阵，
倔强的六号牙苦苦地和它们搏斗着，
度秒如年的二十分钟，
恐惧不断升级，
血水不断涌出，
血肉模糊的牙体
白生生的牙根，
终于在托盘上和我相见。

此刻的凝视意味着永别，
它曾是我身体的一部分，

它帮助我嚼碎了多少食物，
它帮助我补充过多少能量，
我每一天的长大，
和每一年的衰老，
它都曾经参与，
也都默默见证。

一种悲哀那是失去，
一种难舍那是过往。
千万滋味涌上心头，
说再见却是再也不会见。
"我能带回家当纪念吗？"
我用塞着棉球的嘴含糊地问。
"不行，这是医疗垃圾要及时处理……"
医生斩钉截铁地拒绝，倒也干脆。

我苦笑着麻木地走进烈日炙烤着的马路上，
却一点也感受不到四十摄氏度高温的热烈，
回头再望一眼这座1933年的国华大楼，
和我的六号牙无声地永别，
迎接下一个痛点的来临。
我知道明天不会更美好，
未来还会有更多的离开和永别，
这只是生命另一种打开的方式，
但愿我们都能在这样的打开中，
珍惜现在所有美丽的健康拥有。

2022年7月17日完稿（记录7月14日上午8：30拔牙后的随想）

"不死鸟"的启示

圣诞节,阳台上,一棵叫"不死鸟"的多肉,日常较少护养,阳光充足,土壤足够,任其自然生长,想发芽就发芽,想开枝就开枝,想长多高就长多高,不开枝不长叶也不去过问她。既叫"不死鸟"怎么地也不会死吧!我偶尔去浇点水,便不理了。直到前两周葱绿肥厚的不知怎的就变黄变粉了,心中一惊感叹着:大概枯死了吧!"不死鸟"终究也是要死的,那生死也由着她……

这几日气温骤降,又想起估计她肯定冻死了吧。探出头,一看便吓一跳:出身热带的她,却在寒冬悄声儿地孕育出花苞,玲珑红润,甚是可爱。原来绿且肥的叶经寒霜洗礼才变了色,黄中微红夺人眼球。不强制不打扰不勉强也不拔苗助长地养花,给自由给空间给些许营养,偶尔在需要时给些帮助。

教育当如此,不必太躁、太细、太功利,忙着画框框,压榨得孩子连呼吸都是统一节拍地训练,你所规划的是孩子要的人生轨迹吗?放点手,让孩子自己经历那些磕磕碰碰,坎坎坷坷,辛苦却充满无限可能,你可能永远也想不到,你没去过的远方,正是另一个生命要努力奔跑,摔倒无数回也要爬起来,义无反顾到达的终点。每个生命自由且独特地成长为那个真正的自己,教育的使命是助力,是成全,更是成就每一个生命能迸发出不一样的光芒……

2021 年 12 月 23 日

这一年

站在
2022 的句点
回望
过去的这一年
你我都过得不容易
谁也不想再回去
这一年
有那么多的世事难料
再魔幻的剧本都编不出最后结局
这一年
有那么多沟沟坎坎
连马良的神笔都难以描画其中的曲折
这一年
有那么多五味杂陈
苦痛分离
再酸楚的歌谣也唱不出生活的无奈
好在这一切终将过去
好在如今你我都安在

过去的那个春天
偌大的一个城市
那些刻骨铭心的记忆
永远也不会抹去
在那些

足不出户的日夜里

在那些

谨慎慌张的距离里

在那些

近在咫尺的守望里

江边的柳芽寂寞地生长

外滩的霓虹孤独地闪光

弄堂里不见了人来人往

商城内没有了熙熙攘攘

黄浦江依然静静地流淌

这座城却在静默里忧伤

泪花涌出我们的眼眶

不能洗刷这一年的风霜

每一段不同寻常的经历

都是开启下一站行程的勇气

你爱的那个人

一定不会走远

你等的那班车

一定能把你送到向往的远方

你播下的那颗籽儿

也会拥有期待的沁人芬芳

无论生活有多少世事无常

明天东方依然会升起朝阳

我们都在向光而行

虽然步履踉跄蹒跚

我们以梦为马

去寻回

丢失的春天

知道她不会回来

能遇见相似的花开

就满心喜欢

那些模糊的背影

消失在遥远的地平线

如果放不下就悄悄地惦念

站在这一年的句点

眺望新一年的起点

渴望着2023年的第一个日出

睁开眼睛便是光芒万丈

所有的病痛

所有的恐惧

都在这一个路口消散

所有的遗憾

所有的艰难

都在新一年永远不见

时间煮雨

岁月缝花

梦想的未来

会在下一季花开里实现

理想的生活

会在下一段旅程中遇见

平凡的你我

身在笑语盈盈的烟火

美丽的世界

回归欢颜灿灿的烂漫

2022 再见

从此我们再也不见

2022 年 12 月 31 日午夜

2023 年 1 月 17 日修订

这个春天不是我的

我在春天里痛哭

我的母亲招呼也不打就走了

我在春风里奔跑

我的眼泪在春夜里纷飞

春雨冰冷如瀑布倾泻而下

我不知道母亲究竟在哪里

我知道哪里都有我的母亲

我在春天里痛哭

春风带走了我的母亲

我在春夜里守灵

春雨里的悲伤

如泗河在肆意地流淌

我不知道母亲在哪里

可是我知道哪里都有我的母亲

她招呼都没打就走了

彼岸花都来不及开放

她把我留在冰冷的人间

这个春天不是我的

我匍匐在寒冬寻找我亲爱的母亲

她听不见我的哭喊

她看不见我的泪眼

这个春天不是我的
我的心在春风里被撕成碎片
伸出手再也牵不到母亲的手
睁开眼再也看不到母亲的脸
四季里再也听不见母亲的嘘寒问暖

我的心在春风里已撕成了碎片
村口再也没有母亲等我回家
天堂里却有我的母亲在等我
等我奔向她温暖的怀抱
这个春天不是我的
我的春天已经随母亲远去

我在春天里痛哭
我在春夜里奔跑
春风带走了我的母亲
我在黑夜里守灵
春雨里的思念如泗河般奔流飞溅
我不知道我的母亲在哪里
可是我知道哪里都有我的母亲

这个春天不是我的
我的春天已经随母亲远走……

2023 年 3 月 1 日凌晨泣

母 爱

母爱是一口甘甜的乳汁
母爱是一声温暖的叮咛
母爱是一件加厚的毛衣
母爱是一碗温热的蛋汤
母爱是一盏亮着的油灯
母爱是一片蓝色的海洋
母爱是一缕灿烂的阳光
母爱是一次远行的目送
母爱是一方温柔的港湾
抚平每一块流血的伤疤
我在三月盛开的玉兰树下想你
一朵朵洁白的花瓣如雨飘下
那是我思念的心碎
片片躺在春泥里流泪……

2023年3月8日早晨

怀念我的母亲

早春二月,春寒料峭,冷风吹冷雨下,我正在课堂里给孩子们上《开满鲜花的小路》一课,上到一半接到弟弟从故乡打来的电话,母亲走了!今晨为家人做好早饭半小时后,突发心肌梗塞去医院抢救两个多小时,终究没有回来。母亲的一生正如这篇童话故事里的长颈鹿大叔把快乐和美好,温暖和关怀都毫无保留地送给了身边的人,却不愿给我们照顾她的机会,把无尽的心痛和惋惜留给她熟知的每一个人。

她走了,悄无声息地不跟我说一句告别的话就走了。昨晚的《游子吟》还在我耳边单曲循环,不知怎的,昨晚我就是听啊听,听不够,是母亲在提示我什么,还是我思念她太深?和共和国同岁的母亲刚刚 74 岁多一点啊,怎么就不告而别了呢?前几天我还承诺暑假回家带母亲和父亲出去旅行,既然答应了,为什么又食言呢?我们母女缘份 52 年,却只有 12 个春秋的朝夕相守,小时候家里穷,父亲在外小学教书顾不上家,照顾我们姐弟 3 个,家里七八亩地,饲养鸡鸭兔子猪狗和做不完的家务让她早早驼了背,累坏了身。记得她的手永远都粗糙得像砂皮,硬得像木板,给我洗脸搓得我生痛,完全没有书上写的那样妈妈有一双温柔的手,抚摸脸蛋像春风一样丝滑暖和。

记得她总是唠叨着让我好好读书,将来不用像她一样在农村受苦种地,小小的我就有了跳出农门的渴望。母亲家里有 7 个孩子,上面有 2 个哥哥 2 个姐姐,下面有一个弟弟一个妹妹,读到 4 年级没读完就早早辍学回家务农,照顾弟妹帮衬姥爷姥娘,弟弟妹妹都读了书,而母亲却只有小学 3 年级的学历,尽管这样,在我家里却是算账最快,记性最好的那个,小到几斤几两多少钱,大到几百上千公粮多少钱张口就能算出来,而我和父亲、姐姐却算来算去都比不过她又快又准。我常常想,如果母亲生活的年代没有那么的困苦,她有机会完完整整地读完书的话一定是一个很厉害的人。可是生活没有那么多如果,能嫁给父亲这样的读书人她觉得是无比光荣和自豪的。所以家里的农活粗活累活,她总是抢着干,说父亲在外教书很辛苦,有什么好吃的总是要留着等他回来一起吃,那时候我们每周最幸福的时光就是周末,父亲回来全家一起吃白面做的面条和白菜粉条的饺子。我不记得母亲的饭碗里有什么好吃的,总是看到她吃的是我们的残羹剩饭,干着最累的活吃着最差的饭,对于她已经成了一种习惯。

记得小时候,每一年到收麦子的时候,母亲天不亮就起来,带上镰刀绳子早早地到自留地里割麦,六月天热得很,太阳火辣辣地烤着大地,头顶火球面朝地,一干就是一整天,累得大汗淋漓,腰酸背痛。那时母亲会让我和姐姐选在家做饭去送饭还是到地里跟着大人拾麦穗捆麦子,我总是选择在家烧水、烙饼、送饭,因为可以不被太阳烤,而烧水和面烙饼时可以打开收音机,还能在烧锅时收听单田芳绘声绘色地讲述《杨家将》,这才是我的最爱。又小又瘦的我宁愿挑着装满开水的大铝壶和烙的油饼去北坡给家人送饭,也不想到农田干农活。10岁不到的我摇摇晃晃在黄泥路上走4里地才能到,来到麦地已经一身汗了,我大叫:"娘吃饭了!我烙的油饼香!"母亲这时才从麦地直起腰抬起头擦着汗远远地走过来,用染着麦秸香的手拍拍我的头慈爱地说:"俺秀春手脚利索,烙的油饼最好吃!"一家人在田头以最快的速度吃完午饭,她便和父亲又拿起镰刀走到我望也望不到边的金黄色麦田里继续劳作,一直要割到太阳落山,把一捆捆麦子抱到排车上,再运送到村里的打麦场打麦子,一直忙到夜里11、12点才能回家睡觉。那也是一年里面最最劳累的时节,那些粒粒皆辛苦的画面,我永远也不会忘记,所以长大了我从不浪费粮食,因为知道农民的辛苦和不易。妈妈如锯齿般粗砺的手就是这样一天天地被汗水浸泡出来的,一年年地被泥土磨砺出来的。

母亲性格温和,从不打骂孩子,气急了就大声训几句,伸出手装着要打屁股的样子就从不落下来真打。她的善良淳厚是村子里出了名的好,小时候村东头有一家姓杨的人家,那个奶奶家里很穷,一个人拉扯着2个儿子,她总是让我把自己家的蔬菜粮食和衣物送到她家,可是那个时候我们家也是穷啊,母亲说他们家比我们家日子还要难过,父亲当民办老师有公分和十几块钱的工资,就应该帮助更困难的人。上个世纪80年代的农村,经常会有讨饭的穷人,如果正赶上我们吃饭,母亲就会把餐桌上的食物大方地给他们;如果不是饭点她就给我几个煎饼让我拿给他们,还让我问问讨饭的人要不要喝开水,要的话母亲就赶紧提着暖水瓶把他们的茶缸拿过来倒上热腾腾的开水,嘴里说着喝点热乎的,暖暖胃之类的话,还教育我们长大当一个善良的人,她的言传身教,质朴的善行在我幼小的心田里播下一颗与人为善的种子。

小我三岁的海泳弟弟是我们家唯一的男孩,他在1985年得了当时的不治之症——白血病,母亲和父亲带着病重的弟弟来到上海中山医院给他治病,治疗了半年花了近10万块钱,还是没有把弟弟从死神那里抢过来,一年多以后13岁弟弟早早地去了没有病痛的天堂。为了省下钱给弟弟治病,听父亲说在陪伴弟弟看病的日子,您租借在斜土路又小又破的地下室,每天到傍晚就到附近的菜市场捡回小贩不要的菜煮熟了再吃,尝尽了人间的苦难,受尽了命运的折磨。

从此,我们家欠下了一笔巨债,父亲提前预支了10年的工资,还从亲戚朋友那里借了许多钱,弟弟走后我们家陷入了长期还债的艰难日子。长期在外读书的我,难以想象母亲是如何承受了丧子的巨大痛苦,而我不能在田里劳作帮这个家还债,安慰母亲受伤的心。直到当我有了孩子,才终于懂得孩子对于母亲的真正意义。我不知道母亲是如何走出那段人生极其黑暗和艰难的岁月,但是我却懂得了有了她的坚强和忍耐,才和父亲度过了我们家最艰难的日子。小小年纪的我,每逢假期回到乡下,总是尽力想帮家里多干点活,可是家庭沉重的负担早早压弯了母亲的脊背,却压不垮她的意志。人间的冷暖和生命的无常让我常常担忧生活的重担会压倒母亲摧毁父亲。好不容易,在她和父亲的努力下我们一家的生活一年年渐渐地有了起色,也在县城买了房子,总想着母亲终于能轻松、幸福地度过晚年生活了,3年新冠病毒的阻隔也将要结束,我们一家人终于可以相聚在这个夏天了,一切的美好都是那么令人期待和向往,噩耗却以迅雷不及掩耳之势从千里之外传来!

2023年的早春二月,正是海泳弟弟的48岁本命年,母亲不告而别,去了她要去的天堂,我想一定是她想弟弟了,她应该是要去那里照顾等待多时的弟弟,也许母亲觉得我们都长大了,不再需要她的照料,父亲也有小弟弟、弟媳的照料,小雨宝宝也要上幼儿园了。热气腾腾的早餐和切好的白菜是家人痛彻心扉的念想,她留下了无尽的遗憾和哀思给无助的我们,人间的彼岸花都来不及盛开,母亲就匆匆地不告而别,抛下我留在冰冷的人间。窗外的春风撕碎了我的心,春雨淋湿了我的发,春花再也开不出母亲在时的颜色,我在春夜里为她守灵,我知道这个春天不是我的,我的春天已经随着母亲的身影远走。母亲一定在另一个空间注视着我保佑着我,却再也不能为我拭去脸庞上滂沱的泪水!

母亲的坚韧和勤劳,爱和善良给了家人好好地工作生活下去的勇气,也是我们永远取之不尽的力量源泉,今天我有一个美丽的愿望要告诉她——愿来世我们一定要再做母女……

2023年3月1日上午泣(初稿)
3月13日(修订稿)

后 记

"汴水流泗水流,流到瓜洲古渡头,吴山点点愁。""胜日寻芳泗水滨,无边光景一时新。等闲识得东风面,万紫千红总是春。"1972年的春天我出生在山东省泗水县一个叫"故县"的小乡村。根据泗水县志记载它最早以前是北魏时期汶阳县城,隋朝时改为"故县"沿用至今。相传泗水是伏羲、虞舜的故乡,孔子和仲子也是泗水县人,东夷文化、儒家学说的发祥地,被誉为"孔孟之乡"。白居易和朱熹笔下的"泗水"又名"泗河",从我出生和成长的小村旁蜿蜒流过。记忆中这是一个古老、美丽、贫穷而又给我童年着上诗情画意底色的地方。

小时候的故乡,冬天特别冷,经常大雪纷飞,冰冻三尺。我和小伙伴们在冰上穿着妈妈做的棉衣、棉鞋尽情地溜来溜去,小脸冻得红红的,笑声脆脆的。春天,我和爸爸到自家小麦地里看它们喜人的长势,想象六月收割的丰收喜悦。夏天,我赤着脚、光着膀子(20世纪70年代山东农村的小男孩小女孩都是精瘦精瘦的,像一只只小猴子,经常不穿上衣,也不穿鞋子,减少衣服鞋子的磨损)在黄土小道上追逐打闹,热了就"扑通"一声跳进泗河清澈的水中野游,妈妈不来叫吃饭,我们是怎么也不肯离开这消暑胜地的。我是这群野孩子中领头的那个,好似不知疲倦的白条小鱼自由潇洒地游来游去,实在不亦乐乎!雨后,我叫上姐姐弟弟、拿上茶缸到村边河畔的小树林里,瞪大眼睛在树根下找一个个小洞洞,找到后用手指伸入小洞抠几下,节了闰(节了就是知了,这里是它的幼虫学名蝉蛹)就会抓住我的手指,我马上把手指缩上来,咧着嘴把"战利品"放进茶缸。不消几个时辰,我就会抓几十个蝉蛹,晚上的餐桌上便多了油煎蝉蛹,那是我经济落后,食品匮乏,饥饿童年时代的美味佳肴。每一年,我们每一个几乎都能无师自通地学会狗爬式泳姿。每一年,泗河都会把我们村几个小孩的命给夺走,但是我却一点也不害怕,依然我行我素,享受属于我的夏天,这是城市孩子无法体验的快乐和自由!秋天,小小的我成了一个小劳动力,我爸当时是故县村小学的校长,我妈是不识字的农村妇女,那时户口都随着妈,所以我、姐姐和弟弟都是农村户口,家里有近10亩农田需要耕种,很是辛苦。所以我就跟着爸妈到地里,锄野草、刨地瓜(上海人叫山芋)、掰玉米、收白菜,还要帮助家里爬上院子里的大榆树把玉米棒子挂在树枝上晾晒干燥。妈妈用井绳捆住我的腰,把收下的地瓜藏到2米深的地窖里,完事后再把我拉上来。等到寒冬腊月再让我以同样的方法,进去把地瓜拿上来,烧熟了吃,这时地瓜已经又甜又糯,是一家人冬天的主要食物……干农活的劳累让我害怕而厌倦,暗暗下决心总有一天要离开这个地方,再也不碰这累死人的农活!没想到离开故乡多年以后,这些经历却成就了我吃苦耐劳、坚强勇敢的品格,也是一笔最宝贵的精神财富,甚至是创作的一眼源泉!

长到11岁,我离开故乡告别父母,来到安徽郎溪县的白茅岭农场和祖父母一起生活,就读白茅岭中学。那是上海的一个劳改农场,我的爷爷——一位解放战争时期的南下干部,是这个农场分流分场的场长兼党支部书记。那时先后教我语文的老师分别是吕瑛、高菊华和崔为民,她们对我这个乡下小孩倾注了浓浓的师爱,给予我谆谆的教诲,让我的语文综合素养渐渐成为同龄人中的佼佼者。在老师的引导下,我在懵懂的少年时代阅读了不少中外名著和古诗词。我的同学们都喜欢读琼瑶小说、武侠小说等,奇怪的是我却一点也不感兴趣。位于皖南山区的白茅岭农场,种植着许多绿茶。每天清晨那袅袅的茶香,和每年岭上飘来飘去的白茅絮也那么富有情趣和诗意,这是我求学路上的一段重要而独特的经历。

后来,我作为农场系统为数不多的优秀初中生和定向分配生通过考试和选拔进入了上海市崇明师范,在祖国的第三大岛——崇明岛度过了充满快乐和美好的3年,崇明岛好吃的,好玩的,我都在同学们的带领下一一体验一番。那时,我们作为上海市劳改局出资委培的师范生进入崇明师范,每个班大概有两三个农场生,其他都是崇明本地跳出农门的优秀初中生。当时的文选老师马士娟对我的写作进行了悉心的指导,从那时起我也对当代朦胧诗产生了浓厚兴趣,顾城、海子、席慕蓉、舒婷等的作品经常摘抄在自己的硬面抄上,什么"黑夜给了我黑色的眼睛,我却用它寻找光明。""天空一无所有为何给我安慰?""我是你河边上破旧的老水车,数百年来纺着疲惫的歌""要嫁就嫁给幸福,要输就输给追求。"……《致橡树》《九月》《一颗开花的树》《热爱生命》等都到了熟读成诵的地步,特别是汪国真老师的诗歌给我的印象和影响最为深刻和深远,"没有比人更高的山,没有比脚更长的路"成为了习近平主席喜欢和引用的诗句,也是我的座右铭,激励着我不断前进和求索。师范时期的我也时不时模仿他们进行一些小小的创作,每一次都得到马老师的热情赞赏,这让我沉迷其中,陶醉其中。回想起来,那时的自己真是"少年不识愁滋味,为赋新词强说愁"。

  1991年18岁的我走上讲台,成为一名教师。在漫长的教育生涯中,在繁忙的工作生活中,在人生的另一个校园里,在从学生到教师的角色转换中,诗心依旧,它为我增添着几许情趣也影响着我的学生,在语文教与学的花园里散发着缕缕馨香。

  八月桂花香,我和孩子们刚刚学习了琦君的《桂花雨》,她对故乡的思念全寄托在那童年的桂花雨中,桂花是她故乡的象征,她笔下桂花树、桂花香和家乡人的淳朴与美好令我和孩子们为之心醉不已。正值秋风凉,秋草黄,秋姑娘悄悄地来到了校园里。清晨,我带着全班的孩子从百年桂树下整队出发,在晨光的沐浴中游览了秋意渐浓的校园。格桑花丛前讲述它的美丽和神奇,清香扑鼻的桂树下细嗅它的芬芳,篱笆花墙边讨论喇叭花和五角星花谁最形象……细数各种秋花的花瓣,了解它们的花语,从而体会到老园丁的劳动创造了这些秋天的美好。在孩子们叽叽喳喳兴奋不已的惊叹和讨论中我们用了35分钟,走完了校园中那些充满秋意和美丽的角角落落,眼睛亮了,思路开了。我便即兴写下一首五言诗,让孩子们朗读体会。

咏 桂

园中桂百年,
八月即飘香。
金花似米小,
清远润秋霜。

20个字便写出了我对桂花的喜爱和赞美,琅琅的读诗声在校园中响起,为校园的秋平添一种美好。

"孩子们,读完了老师的小诗,那么该你们显身手了,今天也来用笔写下你眼中的秋,想到什么就写什么!"教室里的欢呼声变成一阵阵沙沙的书写声!

于是一首首小诗便诞生了!有咏桂花:八月金桂开,九月正飘香。十月可采集,回家酿酒喝;世人种桃李,明强植丹桂。细风暗香涌,朵朵竞自开;金桂正飘香,格桑互争艳。校园尽染处,秋色意浓浓。有咏五角星花:园中几点红,与桂齐飘香,红似日中火,五角向天放。还有咏格桑花:花色缤纷花姿俏,来自高原雪域地。园丁手植进校园,幸福美好永相伴。这样的语文实践活动时常在我的教学中发生着,并激发着孩子们对语文的学习兴趣,也抒发着孩子们对美好生活的向往和赞美。

诗歌之美不仅让我的语文教学充满了生活的情趣,更为我的教育生活增添了激情和力量。作为一名教师不仅要教会学生"风声雨声读书声声声入耳",还要做到"家事国事天下事事事关心"。2020年冬的新冠病毒肆虐武汉。我以教师的育人视角和情怀创作了《花开的美好》,和学校的伙伴们合作先后完成了歌曲MV的再创作,在当年5月18日成为送给疫情后全面复学的师生珍贵礼物,用歌声给所有师生带来力量和美好。

特别是刚刚过去的这个春天，对于每一个上海人注定是载入史册不平凡的一年，一场突如其来的新冠疫情的蔓延封控了3000多万人，一场史无前例的封城禁足了3000多万人，偌大的城市不得不按下静止键，所有人的生活工作陷入了困顿和艰难。我和上海每一个市民一样，都在为这座暂停的城市充满希望和信心地战斗着、坚守着，期盼着莘莘学子能早日重返校园，繁华魔都能早日重启美丽。

此情此景的悲壮和希望给予我创作的灵感，一天网课结束后我便奋笔疾书创作了诗歌《春天的守"沪"》，后来在姚凤校长的建议下，在黄祎书记的组织下，在足不出户的艰难日子里，我们学校组成了25人参与的朗诵任务群，他们由优秀少先队员代表、共青团员代表、优秀党员代表、优秀教师代表和优秀家长代表组成，开始了云端培训、排练和后期制作合成，大家齐心协力共同努力，最后在6月1日全城解封时推出了这个震撼人心、感人肺腑的朗诵VCR，它仿佛一道明强微光带给大家力量和信心，为守护上海这座城的每一个人点赞，由此产生了良好的社会效应。之后，我又以此事件为基础创作了《春天的故事》，记录这个艰难的春天里明强师生所经历的难忘历程，此文收录在2022闵行区教育系统专辑——《我们的抗疫故事》一书中，也镌刻在我们所热爱的这座城市的历史年轮里。

面对工作与生活，教师的责任担当，教师的教育视角，已经成为我生命成长的一种自觉，手中的笔、心中的诗就是我对党的教育事业的忠诚和初心。

教师生涯三十载，时光如梭、白驹过隙，转瞬间我也走到了知命之年，"在时间的河流蜿蜒中我依然坚持着诗歌创作，它让我的教育生涯和烟火生活充满着诗意的浪漫和对远方的向往，它也让我和我的学生们拥有对母语热爱和阳光向上的心态。而今我似乎也拥有了"而今识尽愁滋味，欲说还休。欲说还休，却道天凉好个秋！"的心境。

本册诗集收录了从2006年到2023年部分作品，总共有70多首诗歌。它们是我对工作对生活对世界和对周围人事物的思考、感悟和赞美,胸怀一颗教育人的初心,秉承一腔教育人的情怀,持之以恒地耕耘、累积的集中写照。

在越接近退休的年龄,反而越留恋教师这个职业,热爱校园这个地方,看每一个孩子都是那样可爱和发自内心地喜欢。

在这个 150 年来最为炎热的上海,在诗集成册的过程中,我得到领导和同伴们最为无私的帮助和最为热忱的鼓励,感激之情难以言表。首先,特别感谢我所在学校上海市闵行区七宝镇明强小学姚凤校长、闵行区教育学院贾永春主任、上海市少先队带头人朱立红老师,她们的指导和提点让我能够有格局、有条理、有质量地完成诗集的整体架构。其次,衷心感谢我的 8 位小伙伴(秦艳、黄亚萍、陈婉霞、蒋宛平、顾丹、蔡玲燕、岳皓钧妈妈和刘彬蔚妈妈),是她们在整理、修正和校对等细节上给了我最诚挚的助力,让我顺利且圆满完成了诗集的编撰。最后,感谢长期以来给我支持和扶持的小伙伴们,正是有了你们的支持和鼓励才使我一路走来,遇见过最美的风景,最美的你们,相信未来也逐渐成就和遇见那个最好的自己。

由于本人水平有限,在诗歌的创作手法和技巧上非常稚嫩和单一,力求字里行间流淌的真情实感,能够或多或少带给大家一些小确幸和小美好,足矣。我长期在小学语文教师的岗位上工作,眼界有限,看到的、经历的、感悟的大多和学生、校园等息息相关,他们是我创作的源泉。"行万里路,读万卷书",一直是我向往的境界,可是由于这样那样的原因,也常常存在理想和现实的差距,这也造成了我的创作往往是以身边日常的生活、人、事和物为主要对象,作品内容在一定程度上削弱了诗歌的丰富性和情趣性。南宋楼钥诗曰"下笔欲生风,磨砻日有功。推敲诗益炼,骈俪语尤工。"我犹如一个小学生在诗歌创作的初级阶段蹒跚学步、牙牙学语,恳请各位朋友不吝赐教、指点迷津,这些对摸索前行的我,犹如春风化雨、新月凝露,进而鞭策我乘风破浪、砥砺前行。

2022 年 8 月 12 日初稿,10 月 7 日完成于上海